# 渡部昇一の和歌から見える

# 本通史」

渡部昇一

育鵬社

# はじめに――和歌の前の平等

古代より日本人は、五・七・五・七・七という定まった和歌の形態の中にさまざまな思いを託してきた。わが国に現存する最古の歌集である『万葉集』（成立年未詳・七五九年以降か）には、そうした古代の日本人の心情が長歌、短歌をあわせて四千五百首も収められている。

この『万葉集』の特徴は、柿本人麻呂《かきのもとのひとまろ》のような職業的歌人だけではなく、名もなき庶民から歴代の天皇まで、さまざまな人の和歌が収録されているところにある。このことについて「和歌の前に平等」と表現したところ、谷沢永一《たにざわえいいち》氏（関西大学名誉教授）から大変にほめていただいた。

「和歌の前に平等」というのは、もちろん「法の前に平等」や「神の前に平等」をもじった言い方である。「人間は平等」と言っても、実際は男女の別、老若の別、貧富の差など、さまざまな区別や格差が存在する。そこには「何に対して平等なのか」という問いがどうしても生じてくることになる。そこで私は、文化によって平等の定義というものが違っているのではないかと考えた。

たとえば「法の前に平等」というのは、近代国家の思想と言っていいだろう。あるいは古代ローマ帝国も「法の前に平等」だったと言えるかもしれないが、その思想が定着したのはフランスの人権宣言以降であると考えていいように思う。

また、キリスト教であれば「神の前の平等」というのが根本原理となっている。中世の絵画などには、ローマ教皇や枢機卿《すうききょう》のような教会の中の最高位に位置するような人たちが地獄に堕《お》ちている場面を描いた作品が見られる。これは、神の前においてはローマ教皇もあるいは乞《こ》食《じき》のような人たちも区別なく平等であることを表しているわけである。

このような平等原理を日本の中に探したところ、わが国においては「和歌の前の平等」ということが言えるのではないかと気づいたのである。日本において「法の前の平等」が完全に実現したのは、女性に参政権が付与された第二次世界大戦後ということになるだろう。しかし、八世紀に成立した『万葉集』においては、和歌さえ上手であれば、天皇も大氏族も兵士も農民も乞食も遊女も、みんなが平等であった。和歌の前では男女の区別もなければ、貧富の格差もない。ゆえに日本の歴史を貫く平等原理は和歌であったと私は言いたいのである。

本書は、その和歌を手掛かりとして日本の歴史をたどってみようという試みである。題して『日本史 百人一首』。

大きく歴史が動くとき、そこには必ずと言っていいほど素晴らしい和歌が残されている。そうした和歌を拾い上げて、それに光をあてながら、改めて歴史を読み直してみようというわけである。

# 渡部昇一の和歌から見える「日本通史」　目次

## 第二章　和歌で見る中世

## 第三章　和歌で見る近世

## 第四章　和歌で見る近現代

装幀――小栗山雄司

本書は二〇〇八年十一月に発行した
『日本史百人一首』を改題しました。

# 第一章　和歌で見る古代

# 国のはじまり

## 一

みつみつし
久米《くめ》の子等が　垣下《かきもと》に
植ゑし椒《はじかみ》　口ひびく
吾は忘れじ
撃ちてし止《や》まむ
神倭伊波礼毘古命

**神倭伊波礼毘古命**（かむやまといわれびこのみこと）のちの神武《じんむ》天皇。兄の五瀬命《いつせのみこと》とともに日向国《ひむかの》（今の宮崎県）の高千穂《たかちほ》から東征を始め、大和《やまと》を平定する。

**歌意**＝勇猛な久米のつわものどもが陣営の垣根の下に植えた山椒《さんしょう》の実は、噛《か》めばぴりぴりと辛い。そんな痛烈な恨みを俺は忘れないぞ。必ずやっつけずにおられるものか。

### ◎神武天皇登場の序曲

日本の皇位は神武《じんむ》天皇に始まる。紀元前六六〇年、神武天皇が大和《やまと》に国を造ったのが大和朝廷の初めであり、ここに日本国の歴史が始まるとされているのである。その経緯は日本の正史（国がまとめた正式の歴史書）である『日本書紀』（西暦七二〇年編纂）に書かれているが、それ以来、わが国では神武天皇の子孫が代々天皇になり、今に至っている。これを万世一系《ばんせいいっけい》と言う。

さて、冒頭の歌を詠んだ神倭伊波礼毘古命《かむやまといわれびこのみこと》とは神武天皇の即位前の名前である。この歌は久米歌《くめうた》（来目歌）と呼ばれる和歌が生まれる前にあった歌謡の一つである。『日本書紀』によれば、久米歌とは神武天皇が即位される以前、大和を平定する途上で、相手を打ち負かしたときに歌われた戦勝の歌であるとされ、あたかも「神武天皇序曲」とでも言うかのような内容を持つ長歌になっている。今では埋もれてしまっていて覚えている人も少ないであろうが、我々の子供の頃は誰もが暗記したような歌である。

私事を言わせていただければ、昭和十八年（一九四三）三月、山形県立鶴岡中学校の入学試験の最終口頭試問で真木勝校長が、「戦時下の小国民としてどう考えているか」と聞かれた。この質問があることは当然予想されていたので、受験生たちは、「宣戦の大詔《たいしょう》を奉戴《ほうたい》し、立派な軍人（科学者）になりたいと思います」というように答えるように練習させられていた。しかし、私は咄嗟《とっさ》にその朝、電柱で見たポスターに兵士が銃を持って突貫《とっかん》姿勢をしている絵に、「撃ちてし止《や》まむ」と書いてあったのが目に浮かんだので、「撃ちてし止まむの気持ちでありま す」と答えた。校長先生は体を乗り出して机を叩き、「そうだ、その気持ちだ」と言われた。私はそれで入学できたと思っている。校長先生も、「宣戦の大詔を……」と答える受験生たちにうんざりしておられたのではないか、と思う。

この「みつみつし……」という久米歌は、神武天皇がご東征の折に、兄の五瀬命《いつせのみこと》の命を奪った仇《かたき》であり、畿内《きない》を治めていた長髄彦《ながすねひこ》（那賀須泥毘古）を撃ち破って、復讐を果たしたときに詠んだ歌だと言われる。

歌にある「撃ちてし止まむ」という精神で神武天皇の軍は進軍を重ね、ついに大和を平定するのである。神武天皇の名前に「武」がついているように、日本の国は「武」によって始まる。久米歌はそのことをはっきりと示しているという点で、非常に重要なものである。

　このようにして畿内に入った神武天皇は畝傍《うねび》の橿原《かしはら》の地に「宮柱《みやはしら》 底磐《そこついは》の根に太立《ふとしきた》て、高天《たかまが》原《はら》に搏風《ちぎ》峻峙《たかし》りて……」という立派な宮殿を建て、大和朝廷が始まる。これが『日本書紀』に基づく日本という国の起源である。

## 大和族と出雲族

二

八雲《やくも》立つ
出雲《いずも》八重垣《やへがき》
妻籠《つまご》みに
八重垣作る
その八重垣を

須佐之男命

**須佐之男命**（すさのおのみこと）日本の古代神話に登場する神。伊邪那岐命《いざなぎのみこと》、伊邪那美命《いざなみのみこと》の間に生まれたとされる。八岐大蛇《やまたのおろち》退治の英雄譚《たん》で知られる。

**歌意**＝もくもくと雲が立ち上る出雲の須賀《すが》の地に妻と住む宮殿を造ろうとすると、まるでわれら夫婦の暮らす宮殿の八重垣のように見事な雲が何重にも湧き上がってきた。

## ◎和歌の始まり

大和《やまと》朝廷における和歌は、結婚の歌から始まっている。神武《じんむ》天皇は、『古事記』によれば伊《い》須気余理比売《すけよりひめ》、『日本書紀』によると媛蹈鞴五十鈴媛命《ひめたたらいすずひめのみこと》という女性と一緒に寝て、それを和歌に詠んでいる。次の歌がそうである。

「葦原《あしはら》の　しけしき小屋に　菅畳《すがだたみ》　いやさや敷きて　わが二人寝し」（葦原の野原に小さい家があって、そこに菅を編んだ畳をきれいに敷いて我々は二人して寝たものだ）

この歌が大和朝廷の和歌の初めになると思われる。ここに歌われた姫との間に生まれた子供が、後の綏靖《すいぜい》天皇である。

神武天皇が大和に入るまでは勇ましい久米歌《くめうた》があった。ところが和歌が始まると、今のような女性と二人で寝たという結婚の話になるわけである。

一方、大和朝廷を築いた大和族と同じルーツを持つとされ、大和時代（四～六世紀）から古墳時代（四～七世紀）にかけて出雲《いずも》地方を支配していた出雲族はどうかと見ると、やはり和歌の始まりは女性と寝た話となっている。

それがここにあげた「八雲立つ……」という歌である。これは、須佐之男命《すさのおのみこと》が奇稲田姫《くしなだひめ》を妻に迎えて出雲の須賀《すが》の地へ行き、そこに二人が暮らす宮殿を建てるというときに詠んだ、まさに結婚の歌である。

記紀の伝承によれば、須佐之男命は高天原《たかまがはら》で乱暴を働き、それによって天照大御神《あまてらすおおみかみ》が天の岩戸に隠れてしまう。その結果、高天原から追放されて葦原中国《あしはらのなかつくに》（日本の地）の出雲国の鳥《とり》髪《かみ》という土地へ降り立ち、そこを荒らしていた八岐大蛇《やまたのおろち》を退治して、その尾から出てきた天《あめの》叢雲剣《むらくものつるぎ》を贖罪《しょくざい》の品として天照御大神に献上する。そして八岐大蛇の餌食《えじき》になるはずだった奇稲田姫を妻として、出雲の須賀の地へ行き、そこに宮殿を造って暮らすのである。『日本書紀』によれば、この二人の間に大国主《おおくにぬし》が生まれてくることになる。

そういうわけで、大和の側も出雲の側も両方とも和歌の始まりは結婚の歌なのである。このことはその後の日本人の感受性にも影響を与えているものと思われる。

ただし、大和の天皇家は結婚の神様という枠を越えて発展していくが、逆に出雲家のほうは、いつの間にか結婚の神様に収斂《しゅうれん》されていく。こうした成り行きを見て、戦後の日本の歴史学会では出雲族を被征服民族、大和族を征服民族と考えて対立させてきた。しかし、征服民族と被征服民族というような禍々《まがまが》しい考え方で解釈しようとするのは近代的な捉え方というものであって、実際はそういう対立関係はなかったと私は考えている。

なぜならば、今見てきたように、両方ともにその始まりが純粋なる日本の和歌によるからである。これは両者が同じ民族同士であり、言葉も同じであったことを明らかに示している。おそらく、多少の喧嘩《けんか》はあったかもしれないが、それは戦争というほど激しいものではなく、やがて穏やかに合併して、大和家が上位に立っただけの話なのではないかと思うのである。そうでなければ、須佐之男命を祀《まつ》った祇園《ぎおん》神社が畿内にある理由が説明できない。

ついでに言っておくと、神武天皇が実在の人物だと考える学者は少ないと思うが、私は実在を信じている。それは『日本書紀』に神武天皇（神倭伊波礼毘古命《かむやまといわれびこのみこと》）を作者とする膨大なる長歌や短歌が入っていることが証拠になると思う。これだけの古代歌謡をつくった国王が架空の人物であったとするような国は、世界中どこを探してもないと思うのである。実際に歌が残っているのだから、実在の人物だったことを考えてよいのではないか。

その方が神武天皇という名で呼ばれていたかどうかはわからないが、神武天皇にあたる人物がいたことは間違いないだろう。そして、その方は和歌もできるし長歌もできるお方であった。言霊《ことだま》信仰の強かった当時の日本においては、和歌や長歌ができるというだけでも尊敬・畏敬の対象として崇《あが》められたことは間違いないと思うのである。

# 日本武尊の東征と死

三

さねさし
相模《さがむ》の小野に
燃ゆる火の
火中《ほなか》に立ちて
問ひし君はも

弟橘媛

**弟橘媛**（おとたちばなひめ）日本《やまと》武《たけるの》尊《みこと》の妻。穂積氏忍山宿禰《ほづみのうじおしやまのすくね》の娘とされる。

**歌意**＝相模の国の野原で火攻めにあったとき、その火の中であなたは私の身を案じて、「大丈夫か、大丈夫か」と心配してくださいましたね。

## ◎日本武尊の実在を示す伝承

四世紀から五世紀頃にかけて、大和《やまと》朝廷は各地にいた「まつろわぬ（＝服従しない）」者たち（熊襲《くまそ》、土蜘蛛《つちぐも》、蝦夷《えみし》などと呼ばれる）を統一していった。その結果、大和朝廷の支配は全国的に及んでいくわけだが、この統一のプロセスを進めた英雄像としてあげられるのが日本《やまと》武《たけるの》尊《みこと》である。日本武尊は大和朝廷を広げた人物として把握すればわかりやすい。

その日本武尊が相模《さがみ》国（今の神奈川県）あたりまで行ったとき、敵に騙されて野原に誘い込まれ、火攻めにあって焼き殺されそうになった。そのときに、叔母《おば》である倭姫命《やまとひめのみこと》から、はなむけとして授けられた神剣・天叢雲剣《あめのむらくものつるぎ》で周囲の草を切り払い、同じく授けられた嚢《のう》の中に入っていた火打で向火《むかいび》を放って難を逃れ、逆に敵を焼き滅ぼす。この神話から、戦場となった場所は今の静岡県の焼津《やいづ》あたりともされ、『古事記』にも「焼遣《やきづ》」と記されている。

天叢雲剣というのは須佐之男命《すさのおのみこと》が八岐大蛇《やまたのおろち》を退治したときに、その尻尾《しっぽ》から出てきたものとされ、もともとは出雲家の刀である。それを大和朝廷の倭姫命という方が持っていて、甥《おい》の日本武尊が東国に行くときに手渡す。その刀で草を払ったことから「草薙《くさなぎ》の剣」と呼ばれるようになったのである。

この草薙の剣は、八咫《やた》の鏡、八坂瓊《やさかに》の曲玉《まがたま》とともに日本の皇室の伝統を象徴する三種の神器の一つに数えられ、今も名古屋の熱田《あつた》神宮に祀《まつ》られ現存している。そして、この剣を熱田神宮に寄付したのが第五十四代の仁明《にんみょう》天皇であるということも現存する古記録で明らかになっているのである。

つまり、この伝承はまったく架空の話というわけではなく、そこで語られていることが、焼津という地名や熱田神宮の草薙の剣として今もなお生きているのである。これは非常に興味深いことである。

## ◎夫婦の愛から生まれた「あづま」の呼び名

日本武尊はその野原で火に巻かれながら、妻の弟橘媛《おとたちばなひめ》に向かって、「大丈夫か、大丈夫か」と声を掛けながら火を払う。私が子供の頃に読んだ絵本には、美女を後ろ手にかばいながら草を刈っている日本武尊が描かれていたが、非常に想像力をかきたてるものだった。

危機を脱出した日本武尊の一行は、今の三浦半島の浦賀のあたりに至り、そこから房総半島へ船で渡ろうとする。海の向こうには房総半島が見えるという位置関係である。ほんのわずかな距離に感じられたのであろう、日本武尊は「こんな小さな海なら歩いても渡れるほどだ」と船出をする。ところが、そこに突然、暴風雨が襲い、今まさに船が沈まんとする緊急事態に陥るのである。

弟橘媛は、日本武尊が軽口を叩いたのを聞いた海の神様が怒ったのだろうと思い、「怒りを鎮めるために私が海に入りましょう。どうぞあなたはお役目をお果たしください」と言って、船から飛び込んでしまう。するとようやく海神の怒りも収まり、船は無事に向こう岸まで渡ることができたというのである。このあたりの海には、突如として暴風みたいなことが起こることは、岡本綺堂《きどう》の『半七捕物帳』にも詳しく描かれている。

その海に飛び込む前に弟橘媛が詠んだのが、ここにあげた「さねさし……」の歌である。かつて男が自分を守るために注いでくれた愛に報いるため、男の危機に自ら身を投じたという弟橘媛の純真さには胸を衝《つ》かれる。こうしたあり方は、今は好まれないかもしれないが、妻の鑑《かがみ》のような話であると思う。

だから日本武尊は弟橘媛を忘れられない。東国を平定してお帰りになる途中に碓日嶺《うすひのみね》（碓氷《うすい》峠《とうげ》）まで来たとき、遠く自分が歩んできた彼方を見渡し、海に飛び込んだ弟橘媛を思い出して「あずまはや（ああ、わが妻よ）」と言って三度、嘆かれた。その方向がちょうど東のほうだったために、「ひがし」のことを「あずま（吾妻）」というようになったと言われている。

これも根拠があるように思われる伝承である。というのは、東西南北の中で、東だけ「あずま」「ひがし」「とう」と三つの読み方がある。他は、西は「にし」と「せい」、南は「みなみ」と「なん」、北は「きた」と「ほく」である。日本武尊が東国を「吾妻（あづま）」と呼んだという神話が、伝来の地名となり、今に伝わっている例と考えてもいいだろう。したがって、単なる神話と言っても、根拠があった神話であろう、という読み方ができるわけである。

# 四

倭《やまと》は
国のまほろば
たたなづく
青垣　山《やま》隠《ごも》れる
倭《やまと》しうるはし

倭建命

**倭建命**（**日本武尊**＝やまとたけるのみこと）
景行《けいこう》天皇の皇子で、仲哀《ちゅうあい》天皇の父とされる。記紀では二世紀頃に実在したとされるが、英雄を象徴する架空の人物との見方もある。しかし詩（和歌）という文学作品を残している昔の人をも、架空と考えるのは、近代の学者の悪い癖だと思う。

**歌意**＝大和の国は日本でもっとも美しい真秀《まほ》の国だ。青い垣根のように重なり合う山々に囲まれた大和ほど美しい国があるだろうか。

## ◎日本人の故郷を思う心を表す代表的な歌

日本武尊《やまとたけるのみこと》（倭建命）が東征を終えて大和《やまと》の国へお帰りになる途中の出来事である。『日本書紀』によると、日本武尊は熱田《あつた》（現・名古屋市）の尾張氏の娘である宮簀媛《みやずひめ》を妻として、そこに長く滞在した。そのとき近江の伊吹山に乱暴を振るう山の神がいると聞いたので、宮簀媛に天叢雲剣《あめのむらくものつるぎ》を預け、素手で山に登った。ところが、そこで大蛇（『古事記』では白い猪《いのしし》）に化けた山の神の祟《たた》りにあい、歩けなくなってしまう。なんとか伊勢の能煩野《のぼの》（現・三重県鈴鹿市）までやって来たが、そこで病気が重くなり、ついに亡くなってしまわれたのである。

その病気でふせっているときに、日本武尊（倭建命）が故郷の大和を思って詠んだのがこの「倭《やまと》は……」（古事記）の歌である。五七五という短歌の定型にはあてはまっていないが、国を偲《しの》ぶ歌として古くから知られ、伝統的に伝わってきたものである。

この歌からは、古代の英雄であった日本武尊の感情のしなやかさを読み取ることができる。と同時に、今の人が故郷を思う心にも響く歌になっている。古代から現代まで、日本の和歌の歴史は脈々として日本人の魂に連なるところがあることをよく示している歌である。

## 渡来人・王仁

### 五

難波津《なにはづ》に
咲くやこの花
冬ごもり
今は春べと
咲くやこの花

王仁

**王仁**（わに　生没年不詳）百済《くだら》の学者。『日本書紀』によると、百済王の使者阿直岐《あちき》の推薦により応神《おうじん》天皇十六年（二八六）一月に渡来。菟道稚郎子《うじのわきいらつこ》皇子の学問の師。後に帰化。

**歌意**＝難波津に、梅の花が咲いているよ。長い冬ごもりが終わって、今はもう春になったと、梅の花が咲いているよ。

## ◎仁徳天皇の即位を予言し、「和歌の父」と讃えられる歌

王仁《わに》は百済《くだら》の人で、応神《おうじん》天皇の招きにより二八六年に渡来。日本に『論語』と「千字文《せんじもん》」を最初に伝えた人だと言われている。

応神天皇には大鷦鷯《おおさざき》皇子（後の仁徳《にんとく》天皇）と弟の菟道稚郎子《うじのわきいらつこ》皇子という二人のすぐれた皇子がいた。天皇は菟道稚郎子皇子をとりわけ愛し、皇太子に立てて王位を譲ろうと考えた。そして大鷦鷯皇子を補佐役とし、長男の大山守命《おおやまもりのみこと》を山川林野の監督役に任じた。当時は必ずしも長子相続制ではなかったので、こういうこともあり得たわけである。

それに反発したのが長男の大山守命である。自分が皇太子に推されなかったことを恨み、応神天皇がなくなると、皇太子を殺して自ら王位に就こうと企んだ。しかし、二人の皇子は一致協力して大山守命の謀反《むほん》を阻止しようとし、ついに川に落として殺してしまう。

これで一件落着、菟道稚郎子皇子が王位を継承するものと思えたが、菟道稚郎子皇子は「弟の自分が兄をさしおいて天皇になるのは常道に反する。兄が先に即位するべきだ」と言って即位しようとしない。一方の大鷦鷯皇子も「先帝の決めたことに背《そむ》くわけにはいかない」と言って即位を固辞し、王位空白の状態が三年間も続いた。この間、漁師が魚を奉《たてまつ》ろうとしたところ、どちらからも受け取りを断られて、ついには魚が腐ってしまったという話も伝わっている。

その様子を見ていた王仁が心配して、大鷦鷯皇子に献じたのがこの「難波津《なにはづ》の歌」である。

「難波津に美しい花が咲いているではありませんか。さあ、出てきてください」という気持ちを込めたものだったのだろう。

結局、菟道稚郎子皇子は兄が即位しないのは自分がいるためだと自殺をしてしまう。大鷦鷯皇子は嘆き悲しんだ末、ついに即位して仁徳天皇という古代史に残る天皇となるのである。結果として、この王仁の歌は仁徳帝の即位を予言していたと捉えられ、言霊《ことだま》信仰のあった古代日本人から特別の尊崇《そんすう》を受けることとなった。

日本で最初の勅撰《ちょくせん》和歌集『古今集《こきん》』の編者紀貫之《きのつらゆき》は、その序文の中でこの歌を「和歌の父」と讃え、今に至るまで百人一首の試合の前に詠み上げることが慣例になっている。

## ◎なぜ外国人である王仁に和歌が詠めたのか

紀貫之はなぜ百済からの渡来人、つまり外国人である王仁の歌を「和歌の父」と呼んだのか。それは取りも直さず、仁徳天皇の現出を予言したこの歌の言霊としての力を評価したからにほかならない。さらに言えば、それほどまでに仁徳天皇は尊敬されていたわけである。

またもう一点、この歌からは当時の百済と日本との関係も見えてくる。

仁徳天皇の父親である応神天皇は神功《じんぐう》皇后の子供である。神功皇后は三韓征伐《さんかんせいばつ》をした皇后であり、三韓征伐のときにすでに臨月《りんげつ》を迎えておられ、帰還の後すぐにお生みになったのが応神天皇であるとされている。

三韓征伐の真偽については長く議論されているが、現在では歴史的な事実として日本軍が今の平壌《ピョンヤン》あたりまで攻め込んだという記録が明らかになっている。おそらくそれが神功皇后だったのではないかという説を唱える人もいる。それが本当かどうかはわからないが、その頃の百済が日本と同族であったのは間違いないように私は思う。その根拠は次のとおりである。

日本の民は方々から集まってきたに違いないが、その主流は南から来たことは疑いない。歴史家は決して指摘しないが、『古事記』を見ても『日本書紀』を見ても、日本は「神様は島を造った」ところから始まる。このような島造りの伝承が残っているのに、日本人の祖先が大陸から来た騎馬《きば》民族であるとするのはどう考えてもおかしい。

そもそも記紀の時代に日本が島国であると知っているのはどういうことなのか。日本人の先祖が大陸から来た騎馬民族であるとすれば、日本をぐるっと一周しなければ島国であることはわからないはずである。ところが南から来た海洋民族と考えれば、船で周回すれば島国であることは一目瞭然である。実際、あの時代に佐渡島《さどがしま》の記述があるというのはそういうことだろう。青森県で見つかった三内丸山《さんないまるやま》遺跡も、あの北のはずれにまで日本人の祖先が到達していたことを示している。それは船による移動が行われていたものだと私は推測するのである。

そう考えると、同じ先祖が日本だけではなく、済州《さいしゅう》島や百済にも上陸したと考えるのが自然ではないだろうか。そうした近親関係があったからこそ、百済が唐に攻められたとき、日本はわざわざ大軍を出して守ってやったのではないか。逆に、『論語』や「千字文」を百済の学者が日本に持ってきたというのも、親密な交流があったことを示しているのではないか。

おそらく言葉も大方は通じたに違いない。せいぜい音便（単語などの発音の変化）の差があるぐらいだったのだろう。百済人である王仁に和歌が詠めたというのは、それを表しているように思うのである。

私は上智大学で戦前から日本にいて本当に日本語が上手な神父さんを何人も知っているが、その人たちでも和歌は詠めない。詠めないという以前に、五七五七七という形式をつくれないのである。言葉は話せたとしても、外国人がぽっと来て和歌をつくるのは至難の業なのである。

そういう事実からも、王仁に和歌が詠めたのは言語的に共通したものがあったからだろうと推測できる。その差はあったにしても今の日本語と沖縄語の違い程度の差であったのではないかと思うのである。今でも百済人の土地である全羅道《ぜんらどう》は、コリアの中でもある種の異質な感覚があると言われている。

# 仁徳天皇の即位

六

高き屋《や》に
のぼりて見れば
煙《けぶり》立つ
民《たみ》のかまどは
にぎはひにけり

仁徳天皇

**仁徳天皇**（にんとくてんのう　二五七〜三九九）第十六代天皇。応神《おうじん》天皇の第四皇子。難波《なに》高津宮《わのたかつのみや》を都とし、治水事業や農地開拓などの仁政を行った。

**歌意**＝高殿に登って遠くを望めば、炊煙《すいえん》が立ち上っているのが見える。どうやら民の竈《かまど》にも煮炊きする材料が増えて、暮らしも楽になってきたようだ。

## ◎民の暮らしを第一に考えた仁徳天皇

王仁《わに》の歌が予言のようになって仁徳《にんとく》天皇は皇位に就く。しかし、菟道稚郎子《うじのわきいらつこ》皇子と互いに位を譲り合って三年間も王位が空白になっており、その間は政治も行われなかったわけだから、当たり前のことだが、即位当初は民間の経済は停滞していて、景気もよくなかったのだろう。それを承知するかのように、仁徳天皇が高殿に登って国の様子を見渡してみたら、竈《かまど》から煙の立つのが見えなかった。

これはきっと民が貧しい暮らしをしているからに違いないと考えた天皇は、三年の間、人民の税金と賦役《ふえき》を免除することにした。それと同時に、その間は倹約のために宮殿の修繕も一切しなかった。屋根が傷んでも茅《かや》の葺《ふ》き替えすらしなかったため、晴れた日には屋根から星が見え、雨の日には雨漏りすることもあったという。

そのようにして三年が過ぎ、仁徳天皇はまた高いところに登ってあたりを見渡してみた。すると、至る所から竈の煙が立ち上っているのが見えた。天皇は、ようやく民も豊かになって来たようだと思い、安堵《あんど》された。その喜びの気持ちを込めて詠まれたのが、この歌である。

仁徳天皇については事績が主に国内に限られ、外国との交渉が記された史料が乏しいことから、その存在を疑う向きもある。しかし、国外遠征をせず、また侵略も受けずという中で、外国の古代の歴史史料にその名が見当たらないとしても、何も不思議なことではないだろう。

むしろ重要なことは、この歌にも見られるような民の暮らしを第一に考え、自らは倹約に努めるという仁徳天皇の在り方が、その後の日本の為政者の統治理念として受け継がれているという点である。とりわけ皇室にはその意識が強く働いており、国家鎮護、万民安寧《あんねい》を目的とした大仏建立や寺院の造営といった事業を除けば、自らの住まう宮殿を豪勢に飾り立てようというような熱意はまるで感じられない。「皇室は民とともにあるべし」という仁徳天皇の考えが引き継がれていると考えるほかはない。

仁徳天皇の「炊煙《すいえん》」の歌は『和漢朗詠集《わかんろうえいしゅう》』（一〇一二年頃成立）や『新古今集』（一二〇五年頃成立）にも載せられ、やがては江戸時代の川柳の題材にもなるほどで、インテリから庶民まで広く知れ渡ることになった。それと同時に、仁徳天皇自身も理想的な天皇の象徴として語り継がれることになるのである。

## 聖徳太子と十七条の憲法

七

しなてるや
片岡《かたをか》山に
いひにうゑて
ふせる旅人
あはれ親なし

聖徳太子

**聖徳太子**（しょうとくたいし　五七四〜六二二）用明《ようめい》天皇の第二皇子。厩戸《うまやど》の前で生まれたとの伝説から厩戸皇子《うまやどのおうじ》とも呼ばれる。冠位十二階や十七条憲法の制定で知られる。

**歌意**＝坂道の片岡山に飢えて臥《ふ》せている旅人は哀《あわ》れなことだ。親がなくて生まれたわけではないであろうに。

### ◎日本人の生き方を決定づけた十七条の憲法

『日本書紀』に出てくる話である。聖徳太子《しょうとくたいし》が片岡山に出向いた折、道に餓《う》えた様子の旅人が倒れていた。名前を尋ねても答えないので、太子は飲み物と食べ物を与え、着ていた衣を脱いでかぶせてやり、「休んでいなさい」と声をかけた。この歌はそのときの情景を詠んだものである。ただし、この話には続きがある。

太子はその翌日、使者を出して旅人の様子を見に行かせる。戻ってきた使者が「死んでいました」と報告すると、太子は悲しみ、亡骸《なきがら》をその場に埋葬して墓をつくってやる。さらに数日後、太子は「あれはどうもただの旅人に思えない。真人《しんじん》（仙人）だったのではないか」と言い、再び使いをやって様子を見に行かせた。すると、戻ってきた者が言うには、墓の様子に変わりはないのに棺を開けてみると中に遺体はなく、太子の与えた衣服だけが棺の上にたたんで置いてあったという。太子は使者にその衣をとってこさせ、それをまた身に着けた。世の人は不思議なことだと思い、「聖人が聖人を知るというのは本当だな」と言って太子を讃えたというのである。

この話は聖徳太子の伝説として伝わっているものであるが、太子には十人の話を一度に聞いてそれぞれに的確な答えを与えたという有名な話も残っている。これらは太子が人格知能を兼ね備えた類まれな人物であったことを伝えているように思う。

聖徳太子は叔母である推古《すいこ》天皇の摂政《せっしょう》として、氏族にこだわらない人材登用のシステムである冠位十二階の制定や遣隋使《けんずいし》の派遣などさまざまな改革を行ったが、中でも後世まで大きな影響を及ぼしたのが、わが国の成文法の起源でもある十七条憲法の制定である。この憲法の第一条は有名な「和ヲ以テ貴《トウト》シトナス」で始まるが、この第一条が生まれた背景には、皇位継承問題と絡んだ物部《もののべ》・蘇我《そが》といった大氏族間の血なまぐさい争いがあったと私は考えている。

つまり、用明《ようめい》天皇崩御《ほうぎょ》のあと、皇位を望んで物部守屋《もりや》と結託した穴穂部皇子《あなほべのおうじ》を敏達《びだつ》天皇（用明天皇の前の天皇）の后であった豊御食炊屋姫《とよみけかしきやひめ》（後の推古天皇）と手を結んだ蘇我馬子《うまこ》が殺害し、敏達天皇・用明天皇・推古天皇の異母弟にあたる崇峻《すしゅん》天皇を擁立する。しかし馬子は自らが擁立した崇峻天皇に憎まれていると思い、今度は部下の手で崇峻天皇を暗殺させるのである。

聖徳太子は、殺された崇峻天皇とも殺した蘇我馬子とも血縁関係にあった。こうした争いを間近で見てきた太子は、日本を浄土とするため、仏陀があげた浄土をつくる源となる菩薩の十七項目の心事にならって、十七条を選び出したのである。

その和の精神は第一条のみならず、第十条、第十四条、第十五条にも繰り返し述べられている。これはある意味では、長い戦争に敗れたあとに生まれた現行の日本国憲法の前文や九条が世界平和を訴えているのと、その精神においては似ていると見ることもできよう。

ただし、平和を訴える対象が太子の場合は国内の氏族という具体像を伴っていたのに対し、現行憲法では「平和を愛する諸国民の公正と信義」に依存するという自己放棄の無責任なものであるという点で決定的に違っているわけだが。

ともあれこの十七条憲法には、後世に受け継がれる理念がいくつも含まれている。

たとえば国家の主権は一つと明確に打ち出していることもそうである。おそらく、当時は皇室と大氏族との権威の差が必ずしも後世ほど明確にはなっていなかったのかもしれない。その点を太子は「国ニ二君ナク、民ニ両主ナシ」（第十二条）「詔《ミコトノリ》ヲ承《ウ》ケテハ必ズ謹《ツツシ》メ」（第三条）とし、主権が皇室にのみあることを示している。あるいは十七条にある「独断スベカラズ、必ズ衆ト論ズベシ」は明治天皇が五箇条の御誓文で示した「広ク会議ヲ興シ万機公論ニ決スベシ」とそのまま重なると言ってもいいだろう。

このような形で、聖徳太子の十七条憲法は、現在に至るまで日本人の意識に影響を与え続けているのである。

## 八

## 大化の改新と白村江の戦い

わたつみの
豊《とよ》旗《はた》雲《くも》に
入日さし
今夜《こよひ》の月夜《つくよ》
さやけかりこそ

中大兄皇子

**中大兄皇子**（なかのおおえのおうじ　六一四〜六七一）舒明《じょめい》天皇の第二皇子。後の天智《てんぢ》天皇。宮中で権勢をふるう蘇我入鹿《そがのいるか》を殺し、藤原鎌足とともに大化の改新を進めた。

**歌意**＝大海原に旗のようにたなびく雲間に沈む夕日が光り輝いている。今宵の月はさぞかし清く明るいことであろう。

## ◎大化の改新の背景にあった皇室と神道の主権回復

中大兄皇子《なかのおおえのおうじ》は藤原鎌足《ふじわらのかまたり》とともに大化の改新を断行した人物として知られている。六四五年、皇子は宮廷政治を掌握していた蘇我《そが》氏に対して藤原鎌足とともにクーデターを起こし、蘇我入鹿《いるか》を殺害する。そして、翌年一月、大化の詔《みことのり》を出して大化の改新に着手し、田地や民を天皇のものにする公地公民制、公地を公民に貸し与える班田収授法、公民に税や労役を負担させる租庸調《そようちょう》の制度など、さまざまな制度改革を進めていくのである。

しかし、このクーデターは単に蘇我氏の専横《せんおう》に対する反発というばかりではなく、蘇我氏が擁護する仏教に対する神道側からの反撃という一面もあることを忘れてはいけない。

蘇我氏というのは武内宿禰《たけしうちのすくね》の子孫である。武内宿禰は神功《じんぐう》皇后について三韓征伐に行ったとされ、半島と関係が深かったと思われる。その家系である蘇我氏は、どうしても外来文化の吸収に熱心になる。六世紀半ばに仏教が伝来すると、いち早く取り入れたのも蘇我氏であった。

一方、宮廷には神道の祭祀《さいし》に携わっていた物部《もののべ》氏や中臣《なかとみ》氏がおり、当然、外来の仏教が入ることに反対し、蘇我氏との間で崇仏《すうぶつ》・廃仏《はいぶつ》論争が起こる。蘇我氏側は「西国ではどこも仏教を取り入れている。日本だけが背くことはできない」と主張し、物部・中臣氏は「仏教は外国の〝他し神《あだしかみ》〟であり、これを入れれば日本に固有の〝国《くに》つ神〟の怒りをかうことにもなりかねない」と反対する。

結局、欽明《きんめい》天皇の判断により、蘇我氏は寺の建立や私的な礼拝を許可され、事実上、仏教が取り入れられることになったのである。聖徳太子《しょうとくたいし》が仏教に対して深く理解を示したことも大きかった。太子と結んだ蘇我馬子《うまこ》はともに政権を担い、仏教を奨励し、勢力を伸ばしていく。そして六二二年に聖徳太子が亡くなってからは、馬子、蝦夷《えみし》、入鹿と三代にわたって権勢をふるい、その絶頂にあった蘇我入鹿に至っては自ら天皇の地位を狙おうとした。

それを見て危機感を抱いて立ち上がったのが中大兄皇子や藤原鎌足であった。つまり、皇子の入鹿に対する反乱は、皇統を守り、それと同時に、神道派の主権回復を目指したものであったという見方もできるのである。

## ◎白村江の戦いの敗北が促した古代国家の改革

さて、この大化の改新から十四年後の六六〇年、友好国であった百済《くだら》が唐と新羅《しらぎ》の連合軍に攻められて滅亡に追い込まれる。百済の遺臣の要請を受けた中大兄皇子は、百済再興のために大軍を出すことを決め、母である斉明《さいめい》天皇とともに九州の筑紫《ちくし》に赴く。六六一年、斉明天皇は筑紫の地で崩御《ほうぎょ》するが、皇子は皇位に就かないまま政務をつかさどる。

そして、同年五月に阿倍比羅夫《あべのひらぶ》を指揮官とする一万人、百七十隻あまりの軍隊が先遣隊として出発する。さらに翌年三月には二万七千人の遠征軍が玄界灘を渡り、唐・新羅の連合軍との戦いに向かうのである。

この「わたつみの……」の歌は、その出陣する船を見ながら皇子が詠んだものと言われているが、このときの遠征の結果は日本軍の敗北に終わっている。遠征軍は一時的に新羅軍を百済南部から追い払うが、唐の援軍が加わった白村江《はくすきのえ》の戦いで大敗を喫してしまう。百済復興は失敗し、百済を失った日本は、海峡をはさんで唐の脅威と向き合うことになるのである。

しかし、それが中大兄皇子の改革を促すことにつながった。即位して天智《てんぢ》天皇となった皇子は、百済から日本に連れ帰った技術者の協力のもと、各地に水城や山城を築き、壱岐《いき》対馬《つしま》や筑紫に防人《さきもり》を置くなどして国土防衛に力を入れた。結果として、日本の政治体制は後の律令国家への道を切り開くことになるのである。

# 九

熱田津《にきたつ》に
船乗りせむと
月待てば
潮もかなひぬ
今は漕《こ》ぎ出《い》でな

額田王

**額田王**（ぬかたのおおきみ　生没年不詳）日本を代表する万葉歌人。大海人皇子《おおあまのおうじ》に愛され十市皇女《とおちのひめみこ》を産むが、その後、大海人皇子の兄の中大兄皇子《なかのおおえのおうじ》から寵愛された。

**歌意**＝熱田津《にきたつ》から船を出そうと月が出るのを待っていたら、潮の流れもほどよくなってきた。さあ、これで漕ぎ出すことができましょう。

## ◎女性の目から見た戦争

白村江《はくすきのえ》の出陣の折に中大兄皇子《なかのおおえのおうじ》の詠んだ歌が男性側の歌だとすると、女性側の歌として額《ぬか》田王《たのおおきみ》の歌がある。この歌は、新羅《しらぎ》遠征のために筑紫《ちくし》に向かう途上、四国松山の熟田津《にきたつ》（現在の三津浜）に入った斉明《さいめい》天皇のご一行に付き従っていた額田王が詠んだとされる。当時、額田王は十八、九歳であったと言われているが、この歌からは国をあげての戦争に参加している高揚感のようなものが伝わってくるように感じられる。

先の中大兄皇子の歌もこの額田王の歌も、いずれも夕方から夜の景色を詠んでいる。これは特徴的なことだが、当時は潮の流れの関係で夜に出港することも多かったのだろう。

## 壬申の乱

# 一〇

あかねさす
紫野《むらさきの》行き
標野《しめの》行き
野守《のもり》は見ずや
君が袖《そで》振る

額田王

**額田王**（ぬかたのおおきみ　生没年不詳）日本を代表する万葉歌人。大海人皇子《おおあまのおうじ》に愛され十市皇女《とおちのひめみこ》を産むが、その後、大海人皇子の兄の中大兄皇子《なかのおおえのおうじ》から寵愛された。

**歌意**＝あかね色に輝く紫草を栽培する野で、宮廷の御料地である野で、そんなに袖をお振りになっては野守に気づかれてしまいますよ。

### ◎壬申の乱の引き金となった兄弟の亀裂

額田王《ぬかたのおおきみ》は戦後になって非常に有名になった。井上靖の書いた歴史小説『額田王』や安田靫彦《ゆきひこ》画伯の描いた『飛鳥の春の額田王』をはじめとして、多くの小説家や芸術家が彼女を題材としている。なぜそれほど多くの人たちを引きつけたのかと言えば、一つには彼女が宮廷歌人として才能に恵まれていたこと、さらには絶世の美女で、その美貌ゆえに多くの男性から求愛され、ドラマティックな恋愛遍歴を重ねたことも一因だろう。

とりわけ、額田王をはさんだ大海人皇子《おおあまのおうじ》（後の天武《てんむ》天皇）と中大兄皇子《なかのおおえのおうじ》（後の天智《てんぢ》天皇）の間の関係は壬申《じんしん》の乱（六七二年）の原因ともされ、恋人を取り合う兄弟の確執という悲劇性から日本人好みの話として受け継がれてきている。ここにあげた「あかねさす……」の歌も、その関係を踏まえて詠まれたものである。

額田王はもともと大海人皇子に愛された。そして二人の間には十市皇女《とおちのひめみこ》が生まれる。ところがその後、額田王は大海人皇子の兄である中大兄皇子（天智天皇）に召され、寵愛される。つまり、この三人は弟の愛した女性を兄が奪い取ったという三角関係にあるわけである。

天智天皇は先にも述べたように、日本の国内体制を刷新し、律令国家への先鞭《せんべん》をつけた非常に有能な天皇である。大海人皇子から見れば偉大な兄であるわけだが、その兄が自分の恋人を奪い取ったとなれば、そこには複雑な思いも芽生える。

結局、額田王を間にはさんで二人の間には溝ができる。そして天智天皇が崩御《ほうぎょ》されたあとには、跡継ぎをめぐり、天智天皇の息子の大友《おおとも》皇子に対して大海人皇子が反乱を起こす。これが壬申の乱である。

壬申の乱とは皇統を争う内乱であるから、戦前は義務教育の教科書で扱われることはなかった。ところが、戦後は多くの研究書や一般書で論じられるようになった。他の国の歴史と同様、古代の日本でも王位継承のための武力争いがあったという意味で、壬申の乱は非常に注目すべき大事件である。そこに一人の女性がからんでいるのがなんとも面白いところである。

この歌は、天智天皇が即位した翌年（六六八年）に琵琶湖東畔の蒲生野《がもうの》という宮廷の薬草園で薬草狩りを催した際に額田王が詠んだものである。額田王は天皇ご一行よりも先に蒲生野に到着して一行を出迎える。その姿を見つけたかつての恋人・大海人皇子が「おおい」とばかり大きく袖を振って合図をする。それを見た額田王は「そんなことをすると野守《のもり》に見つかってしまいます」と心配しながらも皇子を諫《いさ》めているのである。

壬申の乱には額田王をめぐる兄弟の確執が一因とする見方がある一方で、百済《くだら》系帰化人と新羅《しらぎ》系帰化人の対立が背後にあったという説もある。どちらもこれという根拠のある話ではないが、ことこの額田王の歌については、大海人皇子、中大兄皇子との関係を下敷きにした恋歌として詠むと一層味わい深いものがあるように思われる。

# 一一

紫の
にほへる妹《いも》を
憎くあらば
人妻ゆゑに
我《あれ》恋ひめやも

大海人皇子

**大海人皇子**（おおあまのおうじ　六三一？〜六八六）舒明《じょめい》天皇の第三皇子。母は斉明《さいめい》天皇。兄は天智《てんぢ》天皇。壬申の乱によって大友皇子を破り、即位して天武《てんむ》天皇となる。

**歌意**＝紫草のように高貴で美しいかたよ、あなたが憎いはずなどないではないか。人妻と知りながら、これほど恋い焦がれているのだから。

## ◎歴史の遠景にあった恋心

これは先の額田王《ぬかたのおおきみ》の歌に対する大海人皇子《おおあまのおうじ》の返歌である。「野守に見つかってしまう」という額田王の心配をよそに、昔の恋人である大海人皇子は堂々と返歌を詠む。しかもその内容は、実に濃厚な恋歌である。あたかも兄の天智《てんぢ》天皇に対する宣戦布告でもあるかのように。

そして後に天智天皇の息子である大友皇子《おおとものおうじ》（三十九代天皇となる弘文《こうぶん》天皇）と大海人皇子は戦争をするのである。額田王から見ると、息子（血縁はないが）とかつての恋人の戦いである。しかも、さらに複雑なのは、大友皇子の妃がかつて大海人皇子との間にもうけた娘・十市《とおちの》皇女《ひめみこ》であったということである。どちらに転んでも悲劇となるシチュエーションである。

この「紫の……」の歌は、額田王という古代の代表的な美女をめぐる一つの血なまぐさい皇位争いとともに語られざるを得ないが、それだけではなく、額田王と大海人皇子の双方に姦通《かんつう》の心があったという点で、非常に色気のある歌となっている。昔の恋人に対する愛憎《あいぞう》半ばする心情が読みとれる面白さのある歌である。

また、壬申《じんしん》の乱という大きな歴史の遠景にあった恋情というものが、その登場人物自身による和歌という形で残っているというのが日本らしい雅《みやび》やかなところである。

# 『万葉集』の誕生

## 一二

東《ひむがし》の
野にかぎろひの
立つ見えて
かへり見すれば
月かたぶきぬ

柿本人麻呂

**柿本人麻呂**（かきのもとのひとまろ　生没年不詳）飛鳥時代の代表的歌人。職業的歌人の初めとされ、『万葉集』のうち、四百五十首ほどが彼の作品と言われている。

**歌意**＝東の野に、明け方のほのかな光が、かげろうのようにさし染めるのが見える。振り返ると、西の空に月が沈もうとしている。

### ◎和歌の神様

ここにあげた歌は『万葉集《まんようしゅう》』に収められた一首であり、和歌の神様とも言うべき柿本人麻呂《かきのもとのひとまろ》の作品である。いま神様と言ったが、実際に人麻呂を祀《まつ》る神社も兵庫県明石市（人丸町）、島根県益田市（上高津町）、栃木県佐野市（小中町）などにあり、また、人麻呂の木像を納めた柿本寺が大和《やまと》にあったと言われている。『古今集《こきんしゅう》』の序でも、「歌仙」とされている。

この歌は三十一文字に、東に日が昇り、西に月が傾いているという風景を詠んだものだが、まことに雄大なスケールである。人麻呂には、このほか庶民にも親しまれた歌がいくつもある。百人一首には、「あしびきの　山鳥の尾の　しだり尾の　長ながし夜を　ひとりかも寝む」があり、またそのほかにも広く知られた「ほのぼのと　明石の浦の　朝霧に　島隠れゆく舟をしぞ思う」などがある。

昔ある盲人が、明石の人丸神社に参詣して、「ほのぼのと　まこと明石の　神ならば　我にも見せよ　人丸の塚」という歌を詠んだら、目が見えるようになったという。明石を「目を明かり」にかけたのである。こんな伝説が出るところが、人麻呂が神格化された一例である。平安末期には、「人丸影供《ひとまるえいぐ》」と言って、人麻呂の肖像を掛けて香を供えて歌会をした。謡曲「草紙洗い小町」に紀貫之《きのつらゆき》、凡河内躬恒《おおしこうちのみつね》、壬生忠見《みぶのただみ》、小野小町《おののこまち》らが集まって歌合わせをする前に「ほのぼのと」と唱えるところが出てくる。

人麻呂の名は正史に出ておらず、経歴不明であり、柿の木から生まれたとか、天武《てんむ》天皇の皇子であったとか、山部赤人《やまべのあかひと》と双子だったとか、いろいろ言われているが、歌の力によって、神様になっているところが日本文明独特の有り様であると言えよう。

# 一三

天皇《すめろき》の
御代《みよ》栄えむと
東《あづま》なる
陸奥《みちのく》山に
金《くがね》花咲く

大伴家持

**大伴家持**（おおとものやかもち　七一八?～七八五）奈良時代の政治家で歌人。三十六歌仙の一人。父は大伴旅人《たびと》、祖父は大伴安麻呂《やすまろ》。『万葉集』編纂の中心人物。

**歌意**＝天皇の御代が栄えるだろうと、東国の陸奥の山に黄金の花が咲いている。

## ◎天皇への忠誠と日本人のこまやかな感性

大伴家持《おおとものやかもち》は『万葉集』を編纂したことで知られるが、歌人としても優れた才を発揮した。『万葉集』には四百七十九首の長短歌が収められ、その数は柿本人麻呂《かきのもとのひとまろ》をも凌《しの》いでいる。このように歌人として著名な家持だが、実は武門の出であり、政治的にも数々の政争に関与し、左遷も経験するなどしながら中納言まで上り詰めた。奈良朝の代表的政治家の一人なのである。

もともと大伴氏は天孫降臨（天照大御神《あまてらすおおみかみ》の孫である瓊瓊杵尊《ににぎのみこと》が葦原中国《あしはらのなかつくに》＝日本を統治するために高天原《たかまがはら》から日向国《ひむかのくに》の高千穂峰に降りたという神話）の先導を務めた天忍日命《あめのおしひのみこと》の子孫とされ、

古代の有力氏族の一つである。物部《もののべ》氏とともに軍事をつかさどり、特に天皇の近衛《このえ》兵としての役割を担っていたと考えられている。

したがって、『万葉集』に収められている家持の「天皇《すめろき》の……」の歌も、天皇の近衛兵としてその御世《みよ》を讃えたものとして捉えることができる。ちょうど陸奥《みちのく》で金鉱が発見されたことにかけて、天皇の御世が大いに栄えるだろうと詠んでいるのである。ちなみに家持は延暦二年（七八三）に陸奥按察使持節征東将軍《あんさつしじせっせいとう》という職務に任じられ、陸奥に赴き、その地で没している。

家持はこうした古代からの天皇の側近にいた一族としての誇りを強く感じさせる歌を作る一方で、今に続く日本人の感性のこまやかさを持った歌も多く残している。その中からも一首あげておきたい。

「我が屋戸《やと》の　いささ群竹《むらたけ》　吹く風の　音のかそけき　この夕かも」（我が家のちょっとした竹林に吹く風の小さい音が聞こえてくるこの夕べだなあ）

これも『万葉集』に収められている歌である。

## 〝やまとことば〟の発見

一四

士《をのこ》やも
空《むな》しくあるべき
万代《よろづよ》に
語り継ぐべき
名は立てずして

山上憶良

**山上憶良**（やまのうえのおくら　六六〇？～七三三？）奈良時代初期の歌人。従五位下。七〇二年に遣唐使として長安へ。七〇七年に帰国した後は東宮侍講《とうぐうじこう》や国司などを歴任。

**歌意**＝男たるもの、空しく一生を送ってよいものだろうか。万代まで語り継ぐべき立派な名声をあげないままで。

### ◎憶良が実感した〝やまとことば〟の素晴らしさ

山上憶良《やまのうえのおくら》は日本人の精神史を考察する上できわめて重要な人物であると思う。ここにあげた憶良の歌は、男の心意気を示したような、良くも悪くも日本人好みの歌である。戦争中には、この歌は「手柄を立てて死んで、靖国神社に祀《まつ》られればいいではないか」というように精神鼓舞の材料として使われていた。あるいは、仕事を通じて後世にまで名を残そうという志を固めるために、座右の銘としている人も多かった。

こうした男子の生きざまを歌った堂々とした和歌がある一方で、憶良には現代の人たちにも十分に支持されるような歌も残している。

「しろがねも　くがねも玉も　何せむに　まされる宝　子にしかめやも」

という歌などはまさにそうだろう。「白銀よりも黄金よりも宝石よりも、我が子にまさる宝物はない」という子供を思うこの歌は、少子化の現代にも通じる社会性を持っている。

憶良とは、このような多面的な顔を持つ歌人であった。その背景には、彼が歩んできた多様な経験が影響していることは想像に難くない。

彼は白村江《はくすきのえ》の戦いで負けた武人の父親と共に、四歳で日本に引き揚げてくる。この事実を捉えて、さる有名な万葉学者は戦後間もなく、岩波書店を中心とした〝岩波文化〟華やかなりし頃に、山上憶良は百済からの帰化人であると書いた。当時の国文の先生たちは「あれほど奉った山上憶良も帰化人であったのか」と信じ込み、憶良帰化人説が定説のようになってしまった。

その結果、戦後の一時期、日本人は日本にある優れたものはすべて朝鮮半島から渡ってきたものだと思うようになったのである。さすがにもうそんな主張をする人はいないだろうが、私は若い頃、そのような言説を非常に不愉快な思いで読んだ記憶がある。

さて、いま述べたように、憶良は引揚者として子供のときに朝鮮を見ている。また、大宝《たいほう》二年（七〇二）には第七次遣唐使とともに唐に渡り、長安を見ている。あの当時、朝鮮とシナの両方を見ている人間はあまりないと思うが、憶良は両方を見ている稀《まれ》な人物である。

それを踏まえて、次の言葉について考えてみたいのである。これは憶良が詠んだ長歌の中の一節である。

「神代《かみよ》より言《い》ひ伝《つ》て来《け》らく　そらみつ大和《やまと》の国は　皇神《すめろぎ》の厳《いつく》しき国　言霊《ことだま》の幸《さき》はふ国と　語り継ぎ　言ひ継がひけり」

「そらみつ大和の国は」とは、「日本という国は」ということで、それ以下が日本の定義になっている。日本の定義を目的とした歌ではないが、朝鮮も唐も知っている憶良が「わが日本は」と言えば、それは朝鮮や唐と比較していることになるのである。

憶良はどう言っているのか。

まず、わが国は神話の時代からずっと続いている王朝がある「皇神の厳《いつく》しき国」であるという。そして、わが国は歌があり古代語で書かれた神話がある「言霊の幸はふ国」であるともいう。他方、朝鮮には古代語は残っていないし、『万葉集』や『古事記』や『日本書紀』に当たるものも残っていない。朝鮮最古の歴史書である『三国史記』ができたのは一一四五年のことである。唐はどうかと言えば、少しでも地方が違えば言葉が通じないし、そもそも民族が違う。

これは学問的には江戸時代の国学者たちが気づいたことだが、〝やまとことば〟は活用の変化によって時制が表せるし、助詞の使い方でさまざまな動作や状態を表すことができる。ところがシナ語にはそれがない。

歴史学者の岡田英弘さんによると、黄河沿岸が開けると諸民族がやってきて取引を始めた。そのときに言葉が通じないので、絵を描いてコミュニケーションを取ったのが漢字の始まりであり、その漢字を整理したのが秦の始皇帝であったという。したがって、当時は漢字で書かれた本の読める人はほとんどいなかった。また、漢文には文法というものが存在しないため、動詞か名詞か区別できず、時制もわからない。おまけに句読点もないから、どこまでが一文なのかもわからない。要するに漢字はコミュニケーションの道具にすぎず、意味さえ通じればよかったわけである。

ピジョン（ピジン）・イングリッシュという、異言語間のコミュニケーションを取るために英語と東南アジアに渡ったシナ人などの言葉が混じり合って作られた混成語がある。たとえば、国を出た華僑が東南アジアでイギリス人たちと取引をしようとしたとき、ちゃんとした英語ができないから文法を無視して、単語をいい加減に並べて意思の疎通を図った。意味が通じて取引が成立すればいい、というきわめてアバウトな言葉がピジョン・イングリッシュなのである。

たとえば、「昨日、私の父と母は浅草に行ってすき焼きを食べた」というのをピジョン・イングリッシュで言えば、「ファザー・マザー・アサクサ・ゴー・オックス・イート・イエスタデイ」というようなものになる。

漢文というのはこのピジョン・イングリッシュと同じようなものである。山上憶良はシナへ行って、それを身をもって体験してきたわけである。当然、彼は「わがやまとことばはなんとしなやかでいい言葉であろうか」と思ったに違いない。シナ語にはない変化が日本語にはあると文法学的に気づいたのは江戸の国学者たちだったが、憶良は直感的にそれに気づき、日本語の特質を「日本は言霊の幸はふ国」というような把握の仕方をしたのだと思う。

このように、朝鮮やシナを実際に見てきた目で日本独特の尊さを示したのが憶良なのである。

## 天平文化と大仏建立

### 一五

青丹《あをに》よし
奈良の都は
咲く花の
にほふがごとく
今盛りなり

小野老

**小野老**（おののおゆ　?〜七三七）奈良時代の歌人であり官人。大宰《だざいのしょうに》少弐となり大宰府に赴任。後に大宰大弐《だいに》従四位下となり当地で死去。小野石根《いわね》は子。

**歌意**＝奈良の都は色あざやかに咲く花の匂いにつつまれて、今が真っ盛りです。

## ◎奈良文化の華やかさ

この「青丹《あをに》よし……」の歌は、小野老《おののおゆ》が大宰少弐《だざいのしょうに》として大宰府に着任した折に催された、祝いの宴で詠んだと言われているものである。当時の人が奈良朝をどのように受け取っていたかがよくわかる歌である。奈良朝を讃えた、めでたく素直ないい歌になっている。

奈良時代は七一〇年から七九四年まで続く。七〇一年に完成した大宝律令《たいほうりつりょう》をベースにして、天皇を頂点とした中央集権の律令国家体制を確立していった時代である。奈良の都の平城京は、唐の都である長安を模して、碁盤の目の形に造営された。この平城京に遣唐使の派遣などによって大陸からさまざまな先進技術や制度が伝えられ、仏教の経典などが持ち込まれた。

そして七世紀の終わりから八世紀の中頃にかけて、天平《てんぴょう》文化と呼ばれる華やかな貴族文化、仏教文化が花開くのである。さらにその文化は中央から地方へ派遣された国司、あるいは国家鎮護の目的で諸国に建てられた国分寺《こくぶんじ》や国分尼寺《こくぶんにじ》の僧侶を通じて日本全土へ広がっていくことになる。

この小野老の歌に見られる色あざやかに咲き誇る花というのは、まさに天平文化のあざやかさにそのまま重なっていると言っていいだろう。

## 一六

ももしきに
うつろひわたる
菊の花
にほひぞまさる
万世《よろづよ》の秋

聖武天皇

**聖武天皇**（しょうむてんのう　七〇一～七五六）文武《もんむ》天皇の皇子。仏教に帰依《きえ》し、各地に国分寺《こくぶんじ》・国分尼寺《こくぶんにじ》を建立。七四三年には東大寺大仏建立の詔《みことのり》を発布した。

**歌意**＝宮中の庭にあって色を変えてゆく菊の花よ、秋が巡ってくるたびにますます色あざやかに映えることだ。

### ◎大仏建立に見る〝本家越え〟の日本的発想

その天平《てんぴょう》文化の中心となったのが聖武《しょうむ》天皇（在位七二四～七四九）である。天平とは聖武天皇が在位されていたときの元号である。

聖武天皇というと東大寺盧舎那仏像《るしゃなぶつ》、いわゆる奈良の大仏の建立の詔《みことのり》を発した天皇として知られている。日本には飛鳥時代に仏教が伝来し、聖徳太子《しょうとくたいし》の『十七条憲法』の第二条にある「篤《アツ》ク三寶《サンボウ》ヲ敬《ウヤマ》ヘ　三寶トハ佛法僧ナリ」などに象徴される仏教擁護などもあり、仏教派と神道派との争いを経て次第に定着していく。奈良時代になると南都六宗と呼ばれる仏教勢力が拡大し、聖武天皇は孝謙《こうけん》天皇に皇位を譲ったあと、出家をしている。

しかし、いくら仏教が浸透しても、神道をなくすようなことはなかった。聖徳太子にしても、寺に参ったあとには必ず神社に参るようにしているというように、神仏の両方を立てるという流れができあがっていくのである。

聖武天皇もそれに倣《なら》い、神道の神を奉る傍《かたわ》ら仏教も信奉するというように、日本では神仏が両立していくのである。やがてここから本地垂迹《ほんちすいじゃく》説という神仏習合の考え方が生まれることになるのである。これは、インド（本地）に現れた大日如来《だいにちにょらい》が日本では天照大御神《あまてらすおおみかみ》として現れた（垂迹）というように、神と仏のもとは一つと考える思想である。

しかし、この神道と仏教の両者を比べると、簡素で清々しい神社に対して仏教の寺院はあでやかで、あまりにも対照的である。その違いは伊勢神宮と奈良の大きな寺を比較すれば一目瞭然である。どうしてそういう差がついたかと言うと、何しろ仏教はインドで発生して西域を経てシナに至り、それから朝鮮半島を通ってはるばる日本にまでやってきている。その間に、哲学、神学、物語と、いろいろな要素が付随したため、どうしても土着の神道に比べると色あざやかにならざるを得ないのである。

ところが、この仏教にしても、日本人はただ受け入れるだけではなかった。それがいいものだとわかると、よりよいものに磨き上げていこうとするのである。このあたりがいかにも日本的である。仏教は間違いなく大陸から来たものだが、日本人は大陸でやっている以上のことをやろうとするのである。

その象徴が東大寺の大仏の建立である。大陸においても岩山の岸壁《がんぺき》に大仏を造るという例は、有名なバーミヤンの大仏をはじめ、シナにも朝鮮にもある。ところが、一丈八尺の銅製の大仏というのは日本にしかない。そういうものを造ろうという発想は、当時は日本人に独特なものだったと思うのである。

韓国では日本の仏像はすべて韓国から行った者が製作したものだと教えているそうだが、それは明らかに間違っている。なぜならば、韓国には大きい銅製の仏像は一つもないからである。ところが日本には韓国にない大きな銅製の仏像がいくつもあるのだから、韓国人が造ったという説はどう考えても成り立たない。

奈良の大仏を造営するにあたっては、大陸から技術者を呼んでいる。これは間違いない。その中に朝鮮半島から渡ってきた技術者もいただろうが、それだけではなく、明らかにイラン系と思われる人も交じっているのである。これは明治時代の日本が外人教師を招き入れて西洋知識を吸収しようとしたのと同じ発想であろう。こういう途方もないことは、仏教の本家もやらなかった。それをやったというところに、私は日本的な精神を見る。つまり、常に本家を越えようと努力し、最終的には日本化してしまうのである。

これは黒船に仰天した日本人が半世紀もたたないうちに当時、世界一の戦艦大和を造ったのと同様の心性であろうと思う。また儒学にしても明らかに日本の方が本家を凌駕《りようが》しているし、あるいは鉄砲にしても織田信長の頃の鉄砲の数、性能、戦場における使い方を見れば明らかに本家のヨーロッパを越えていた。そうした一連の本家越えの最初の例が奈良の大仏建立だと考えられるのである。

## ◎菊の紋章が象徴する外来文化導入の姿勢

その大仏建立を進めた聖武天皇の代表的な歌が、ここにあげた「ももしきに……」である。実はこの歌にも、外国文化を取り入れて日本化してしまう日本人の一つの特徴が見て取れる。

山上憶良《やまのうえのおくら》が言うように日本の歌は原則として〃やまとことば〃だけで作っている。ところが、この歌には例外がある。「菊」である。これは漢語で訓がなく、「きく」という音しかない。ところが面白いことに、この菊が皇室の紋章のように使われるのである。土着の花なら桜を使うこともできたはずである。なぜならば、神武《じんむ》天皇は木花咲耶姫《このはなさくやひめ》と瓊瓊杵尊《ににぎのみこと》の孫に当たり、「木花」とは明らかに桜の花を指しているからである。

ところが、あえて桜ではなく菊の花を使ったというのは、「日本の皇室は外来文化に門を開きますよ」というメッセージになっているように思う。加えて、菊は木の花ではなくて草花である。

芭蕉《ばしょう》が「菊の香や　奈良には　古き仏たち」という俳句を詠んだが、この奈良（奈良仏教）・菊・皇室というものが三位一体となって、日本という国の一つのイメージの中に交じり合っているように思われるのである。

# 遣唐使

## 一七

天《あま》の原
ふりさけ見れば
春日《かすが》なる
三笠《みかさ》の山に
いでし月かも

阿倍仲麻呂

**阿倍仲麻呂**（あべのなかまろ　六九八～七七〇）第八次遣唐使に同行して長安に留学。科挙の試験に合格し任官。帰国を望むが船が遭難し、唐の地で生涯を終えた。

**歌意**＝彼方の空に浮かぶ月を見ていると、春日にある三笠山に出た月が思い出される。

### ◎玄宗皇帝に見込まれた遣唐使

阿倍仲麻呂《あべのなかまろ》は養老《ようろう》元年（七一七）に出発した遣唐使の一行に留学生として加わり、唐の長安に行く。使節団長に当たる押使《おうし》は多治比県守《たじひのあがたもり》、大使が阿倍安麻呂《あべのやすまろ》と大伴山守《おおとものやまもり》で、副使が藤原宇合《ふじわらのうまかい》（馬養）、留学生として吉備真備《きびのまきび》や僧の玄昉《げんぼう》が一緒だった。彼の地で仲麻呂は科挙の試験に合格して、司経局校書という経書《けいしょ》（儒教の経典）の写本や校正をする職を皮切りに数々の官位を歴任し、高い地位に就く。在官中には李白《りはく》や王維《おうい》といった唐の一流の詩人たちとも交流があった。

吉備真備は唐に十七年間も滞在し、天平《てんぴょう》六年（七三四）に多くの文物を持って帰国した。そして、その後、日本の学問向上に大きな役割を果たしていく。しかし、仲麻呂はその船には乗らなかった。それは唐の玄宗《げんそう》皇帝が仲麻呂の才能を惜しんで帰国を許可しなかったからだとされる。そう考えると、乗らなかったと言うよりも、乗れなかったということなのかもしれない。

事実、仲麻呂も帰国の意志はずっと持ち続けていた。そして唐に暮らして三十五年が過ぎた天平勝宝《てんぴょうしょうほう》四年（七五二）に第十次遣唐使の副使として入唐した吉備真備と十八年ぶりの再会を果たすと、望郷の念はいよいよ抑えられなくなった。仲麻呂が玄宗に帰国を申し出ると、玄宗も承諾し、ついに帰国が許されることになった。

翌年（七五三）、遣唐使の一行とともに仲麻呂は船に乗った。しかし沖縄を出帆したところで運悪く暴風雨に遭遇し、仲麻呂や大使の藤原清河《きよかわ》の乗った船だけが流されて安南（ベトナム）に漂着した。

他の三隻の船は無事に日本に帰り着き、吉備真備は出世して右大臣になり、日本儒学の祖、また片仮名の発明者として尊敬されることになる。

一方、唐では仲麻呂が死んだものと思われ、李白は仲麻呂を悼《いた》む詩をつくっている。すなわち、

晁卿衡《チヨウケイコウ》ヲ哭《コク》ス

日本ノ晁卿《チヨウケイ》（仲麻呂）帝都ヲ辞シ
征帆《セイハン》一片蓬壺《ホウコ》ヲ繞《メグ》ル
明月帰ラズ碧海《ヘキカイ》ニ沈ミ
白雲愁色蒼梧《ソウゴ》ニ満ツ

である。

しかし、安南で土着人に殺されそうになりながらも、仲麻呂はなんとか長安に帰り着く。そして、再度の帰国を図るが、今度は折悪しく安禄山《あんろくざん》の乱で国内が乱れ、唐朝より出国を止められる。

ここに至って仲麻呂は帰国を断念し、再び唐朝に仕えた。玄宗のあと、粛宗《しゆくそう》、代宗《だいそう》の三代の皇帝に重用された。そして宝亀《ほうき》元年（七七〇）に七十二歳で没するのである。ちなみに藤原清河もまた唐に残り、七十三歳で没している。仲麻呂の訃報を伝え聞いた日本の朝廷は、仲麻呂に正二位の位を贈り、その功績を讃えている。

ここにあげた阿倍仲麻呂の歌は、故郷を懐かしみ詠んだ望郷の歌として名高い。どこでも同じに見える月は望郷のよすがとなる、その典型であろう。

# 日本男児

## 一八

千万《ちよろづ》の
軍《いくさ》なりとも
言挙《ことあげ》ず
取りて来《き》ぬべき
男とぞ思ふ

高橋虫麻呂

**高橋虫麻呂**（たかはしのむしまろ　生没年不詳）出自不明。奈良時代の歌人。『万葉集』には三十四首が収められているが、その傾向として地方の伝説や人事を詠んだ歌が多い。

**歌意**＝千万の敵兵がいようとも、つべこべ言わないで勝ってくるのが、男というものだと思う。

### ◎不言実行こそ男子の鏡

すでに述べたように、大和《やまと》朝廷は各地にいた土着の民、いわゆる〝まつろわぬ（＝服従しない）者〟どもを従わせようと討伐を繰り返した。

天平《てんぴょう》四年（七三二）には藤原鎌足《ふじわらのかまたり》の孫で、藤原不比等《ふひと》の三男の藤原宇合《うまかい》（馬養）が九州にいた反朝廷勢力の討伐に西海道節度使《さいかいどうせつどし》として派遣されることになった。ここにあげた「千万の……」の歌は、宇合が常陸守《ひたちのかみ》であったときの部下であり、それ以来、庇護《ひご》を受けていた高橋《たかはしの》虫麻呂《むしまろ》が宇合の出陣を讃えて詠んだものである。

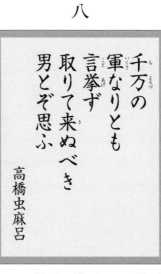

「言挙《ことあげ》ず　取りて来《き》ぬべき　男とぞ思ふ」、つまり「つべこべ言わずに勝ってくるのが男というものだ」という威勢のいい歌だが、これは不言実行こそ日本男児のあるべき姿であると言っているわけである。

しかし、そういうことをわざわざ歌に詠むというのは、実際は「つべこべ言う」者が多かった証拠とも捉えることができる。そうした者の扱いに苦慮するかつての上司に対して、虫麻呂が歌によって助太刀をしたのかもしれない。

この歌は、私が小学生の頃も暗記していたから、当時の日本の青少年の多くは暗記していたと思う。大東亜戦争は敗戦で終わったので、戦場で亡くなった人々は報いられぬようにも見られる時代になった。しかし、戦死された方の多くは、「つべこべ言わず」勝つために命を捧げられたのである。後世の人々は、それを忘れてはならないと思う。

# 防人たち

一九

父母が
頭《かしら》かき撫《な》で
幸《さ》くあれて
言ひし言葉《けとば》ぜ
忘れかねつる

丈部稲麻呂

**丈部稲麻呂**（はせつかべのいなまろ　生没年不詳）駿河国《するがの》の生まれ。七五五年の二月に防人《さきもり》として筑紫《ちくし》に派遣された。

**歌意**＝父母が頭を撫でながら「無事であってくれよ」と祈るように言った言葉が忘れられない。

## ◎防人の歌

今ではあまり取り上げられない歌であるが、これは防人《さきもり》として徴兵された者の詠んだ歌である。防人は対外防衛のための軍事制度で、壱岐対馬《いきつしま》や筑紫《ちくし》などの外国に面する辺境の地に置かれた。そのきっかけはすでに述べた白村江《はくすきのえ》の戦いで唐・新羅《しらぎ》の連合軍に敗れたことである。大陸との緩衝地帯の役割を果たしていた百済《くだら》を失うことで、外国の脅威と直面することになった天智《てんぢ》天皇が国土防衛の一環として始めたものである。

アメリカの文化人類学者であるルース・ベネディクトがいみじくも指摘したように、日本は伝統的に「菊と刀」の国である。つまり日本人は「美を愛好し、俳優や芸術家を尊敬し、菊作りに秘術を尽くす」とともに、「刀を崇拝し武士に最高の栄誉を帰する」精神性を持った民族なのである。今は皆、「菊」の部分しか言いたがらないが、本来は「刀」の部分も日本の最重要な一側面である。これは冒頭にあげた神武《じんむ》天皇の「久米《くめ》の子等が」の歌が一方にあり、他方に結婚の歌があって日本が始まった、というのと同じ話である。

だから、「菊」の伝統の一方には古代の防人の歌があったことも、ぜひ記憶しておきたい。この丈部稲麻呂《はせつかべのいなまろ》の歌は、そんな防人の歌の代表的なものである。

「言ひし言葉《けとば》ぜ　忘れかねつる」の「言葉ぜ」は「言葉《ことば》ぞ」と同じ意味で、「ぜ」というのは駿河の方言だそうである。また、「幸《さ》くあれ」も「幸《さき》くあれ」の方言だという。防人として徴兵された可愛いわが子が出征するときに、親が頭を撫《な》でながら「無事でいろよ」と声をかける。その情景を詠みこんだ歌だが、ここには古代の日本の親子の情が見事に映し出されている。そしてその姿は、今にも通じる万古不変のものであるだろう。

# 二〇

今日よりは
顧みなくて
大君《おほきみ》の
醜《しこ》の御楯《みたて》と
出で立つ我は

今奉部與曾布

**今奉部與曾布**（いままつりべのよそふ　生没年不詳）下野国《しもつけの》の生まれ。七五五年の二月に防人《さきもり》として筑紫《ちくし》に派遣された。

**歌意**＝今日よりはもう後ろを顧みることもない。大君の頑強な盾としてわれらは港を出で立つのだ。

## ◎出征する若者たちが口ずさんだ歌

これも同じく防人《さきもり》として国土防衛にあたった若者の詠んだ歌。『万葉集』に収められている。やはり今では忘れられてしまっている歌の一つだが、先の大東亜戦争中には本当に繰り返し若者たちが嚙《か》み締めた歌である。丈部稲麻呂《はせつかべのいなまろ》の歌と同様、日本の和歌の流れの中で「刀」の系統に位置する歌として、決して見落とすわけにいかない名歌である。

防人というのは三年の任期だったが、しばしば延長された。防人の管轄は筑前国にあった行政機関である大宰府が行ったが、食糧や武器は自前で用意しなければならなかったという。主に東国の農村から徴兵されたものの、その間の税が免除されるわけでも、報酬が与えられるわけでもない。何も見返りのない、ただ苦しいばかりの軍役である。そのようにして、おそらくは十代の後半か二十代の初めの若者たちが、日本の国防の最前線に立っていたのである。

## 桜と日本人

### 二一

世の中に
たえて桜の
なかりせば
春の心は
のどけからまし

在原業平

**在原業平**（ありわらのなりひら　八二五〜八八〇）平安初期の歌人。平城天皇《へいぜい》の皇子である阿保《あぼ》親王の五男。六歌仙の一人で、『古今和歌集』に三十首が収められている。

**歌意**＝この世の中に桜というものがなかったら、春になって桜の咲くのを待ち焦がれたり、散るのを儚《はかな》んだりすることもなく、のんびりとした気持ちで過ごせるのに。

### ◎平安から現代まで一貫する〝桜〟への思い

在原業平《ありわらのなりひら》の詠んだこの歌は、業平が主人公とされる『伊勢物語』の中に収められている。『伊勢物語』によれば、業平が奈良の天理から生駒《いこま》山を越えて大坂の八尾に暮らす女性のもとに通うときに詠んだことになっている。つまり、恋の歌である。しかもこの恋は道ならぬものであった。その気持ちを桜の花を女性に見立て、「あなたがいなければ、こんなに恋い焦がれ、逢瀬《おうせ》のあとの別れの辛さを味わうこともないのに」と歌っているのである。

恋しい思いと日本人の桜に託した心情を二重写しに重ね合わせているところが巧みであり、現代の日本人にも理解されやすい歌である。

最近は桜の季節になると、開花情報が連日のように出される。三月の末から四月にかけては、「今週の週末は桜の見ごろ」という話題ばかりで、春の心はまったく騒がしいものとなっているが、桜を愛《め》でる日本人の心情そのものは業平の頃とまったく変わらない。

私は英文学を専攻し、特に大学では古英語、オールド・イングリッシュを研究していた。この古英語は、今ではイギリスの普通の英文科の人も読めないというほど、形が変わっている。そのため、そこに描かれている感情もなかなか現代のイギリス人には理解しがたくなっている。

ところが日本人は、この桜に代表されるように、古代から現代まで感情が同じようにつながっている。つまり、平成の世の三月に我々が桜を見て思う心情と、千年以上も前の平安時代の桜の季節に人々の心に浮かぶ思いが同じなのである。日本人の心の奥底に連綿として流れる美意識の感覚には素晴らしいものがある。これには感嘆せずにはいられない。

# 学問の神様

二二

東風《こち》吹かば
にほひおこせよ
梅の花
あるじなしとて
春を忘るな

菅原道真

**菅原道真**（すがわらのみちざね　八四五～九〇三）平安前期の学者、詩人、政治家。右大臣にまで上るが、最後は大宰府《だざいふ》へ左遷《させん》されて没する。学問の神様として知られる。

**歌意**＝春の東風が吹いたら、梅の花よ、いい匂いを送っておくれ。主である私がいないからといって、春が来たのを忘れてはいけないよ。

## ◎怨霊として恐れられていた学問の神様

菅原道真《すがわらのみちざね》は三十三歳で文章博士（大学寮という官僚育成機関で漢文学やシナの歴史を教える教官）に任じられ、宇多《うだ》天皇に重用されて従二位右大臣の位にまで上り詰める。しかし、藤原《ふじわら》氏全盛の時代に異例の出世を果たしたことで藤原氏をはじめとする有力貴族と対立する。

そして延喜《えんぎ》元年（九〇一）、道真は突然、九州の大宰府《だざいふ》副長官（大宰権帥《だざいごんのそち》）へと左遷《させん》されてしまう。時の醍醐《だいご》天皇を廃立して、天皇の弟で道真の娘婿に当たる斉世《ときよ》親王を皇位に就け、自らは関白になろうとしたというのが左遷の理由であったらしい。しかし、これは左大臣藤原時《とき》平《ひら》の謀略で、醍醐天皇も、出家した宇多上皇と道真がなおも親しい関係を続けていることを猜《さい》疑《ぎ》したようである。道真左遷の知らせを受けた宇多上皇は驚いて内裏《だいり》に駆けつけたが、警備兵は決して門を開けようとしなかったという。結局、道真はそのまま大宰府に下り、その地で失意のまま五十九歳で亡くなってしまうのである。

ところが、道真の死後、京の都では奇怪な出来事が頻発した。醍醐天皇の皇子が次々に病死し、時平も三十九歳の若さで急死、公家の中にも道真の追放に加担した者たちが不慮の死を遂げた。また、大火・旱魃《かんばつ》・疫病と災厄《さいやく》が続いた。とりわけ朝議中の清涼殿に雷が落ちたときには、大納言の藤原清貫《きよつら》が即死、太政官の平希世《たいらのまれよ》が顔に火傷を負い、天皇は発病した。

朝廷はこれが道真の祟《たた》りであると恐れた。そして鎮魂のために、すでにこの世にいない道真に対して正一位、左大臣、太政大臣と次々に位が追贈された。そればかりか、北野天満宮を建立してまで鎮めようとした。以来、道真は天神様として崇《あが》められ、やがて学問の神様として慕われるようになるわけである。

ここにあげた「東風《こち》吹かば……」の歌は、道真が京の屋敷を離れて大宰府に出立するときに詠んだものである。屋敷に咲く梅の花に向かって、自らのつらい胸の内を託したのである。

道真は和歌の人と言うよりも漢詩の人であるが、この時代に和歌の勅撰集を作ろうとする機運を醸成した人物の一人であった。また寛平《かんぴょう》九年（八九四）に遣唐使の廃止を建議したことにより、日本文化の独自性が花開く時代が訪れることになった。その意味で、道真は後々まで日本文化に大きな影響を及ぼした人物であると言っていいだろう。

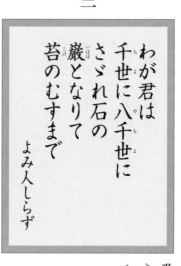

## 君が代の源流

二三

わが君は
千世《ちよ》に八千世《やちよ》に
さゞれ石の
巖《いはほ》となりて
苔《こけ》のむすまで

よみ人しらず

**歌意**＝わが君は、永遠の世に、小さな石が大きな岩となって苔《こけ》が生い茂るまで長くおすこやかであらせられますように。

### ◎「君が代」の起源となった歌

これは「君が代」の起源となった歌である。『古今和歌集』に収められているが、「よみ人しらず」で作者不明とされている。また、この歌の「わが君」が「君が代」に変わったのは、藤《ふじ》原公任《わらのきんとう》の編纂による『和漢朗詠集《わかんろうえいしゅう》』からであると言われている。

この「君」が誰を指すのかについては古くから議論があり、「あなた」あるいは「恋しいあなた」という二人称の呼びかけであるという説、「旦那《だんな》さま」「ご主人様」のように特定の主（あるじ）を指すという説、それから天皇・君主を指すという説などがある。それが明治憲法の「万世一系の天皇これを統治す」という文言により、「君が代」＝「天皇の御世《みよ》」を指すようになってきたというのが歴史的な流れである。

「君が代」はしばしば戦争と結び付けられて語られるが、歌詞も非常に雅《みやび》やかであり、曲も戦争をしたくなるような勇ましいものではない。おおよそ国歌というものは勇壮なものがほとんどであり、フランス国歌の「ラ・マルセイエーズ」のように詩の中にも血が流れているようなものが多いが、「君が代」はそれらとは明らかに一線を画している。言うなれば、先に述べた日本の「菊と刀」のうち「菊」の伝統を象徴している国歌であると言えるだろう。

実際、戦争のときに一番歌われたのは「軍艦マーチ」であったし、玉砕《ぎょくさい》が語られた頃に歌われたのは「海行かば」であった。「君が代」が歌われるのは、学校などで行われる儀式のときに限られていた。したがって、「君が代」には進駐軍もまったく文句をつけていない。

ところが、内務省から朝日新聞の論説委員を経て、終戦直後の東久邇宮《ひがしくにのみや》内閣と幣原《しではら》内閣の文部大臣を務めた前田多門《たもん》は国歌を廃止しようとした。当時の内務官僚出身のエリート官僚でも、必ずしも天皇に忠誠ではなかったというわけである。むしろ進駐軍のほうが、国歌がないのはおかしいと国歌廃止に反対しているくらいであり、その点では戦後のインテリの動きというのは、筑波大学教授の中川八洋《やつひろ》氏によれば、「みんな共産党員のように」なってしまっていた。実際、そう言われても仕方がないような人が多かったように思うのである。

## 国風文化と『古今和歌集』

二四

久方《ひさかた》の
ひかりのどけき
春の日に
しづ心なく
花のちるらむ

紀友則

**紀友則**（きのとものり　八四五?〜九〇七）平安時代の歌人で、三十六歌仙の一人。『古今和歌集』の撰者でもある。歌集に『友則集』がある。

**歌意**＝日の光がやわらかにふりそそぐ、このおだやかな春の日に、落ち着いた心もなく、どうして桜の花は散っていくのだろう。

### ◎唐風文化から国風文化へ

これは『古今和歌集』の中に収められている紀友則《きのとものり》の有名な歌である。「散る花」に焦点があてられているのが特徴で、これも日本的感性の一つの表れと見ていいだろう。現代に生きるわれわれも、「ひかりのどけき　春の日に」桜の花びらが散るのを見ると、はかなさを感じるものである。

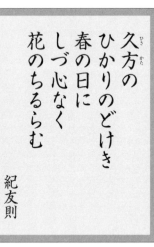

先にあげた在原業平《ありわらのなりひら》の歌にも桜が詠まれていたが、このような桜に対する日本人の感覚が明確に歌われるようになったのは、平安中期の延喜《えんぎ》五年（九〇五）に成立した我が国初の勅撰和歌集である『古今和歌集』あたりからだと思われる。『万葉集』の頃は、まだ桜は大きなテーマにはなっていない。それは平安中期の国風《くにぶり》文化の成立と関連があるのではないかと考えられる。

平安前期には奈良仏教（南都六宗）に対抗する新しい仏教として最澄と空海がシナから持ち帰った天台宗と真言宗が現れ、いわゆる平安仏教の時代が訪れる。また、弘仁《こうにん》五年（八一四）には嵯峨《さが》天皇の命により日本初の勅撰漢詩集である『凌雲《りょううん》集』が編纂されるなど、唐風《からぶり》文化が隆盛になった。ところが平安中期になると、平仮名と片仮名が発明されたことに歩を合わせるかのように和歌や物語、随筆、日記など日本語で書かれた文学作品が盛んにつくられるようになり、国風文化の花が咲く。その代表が『古今和歌集』であり、『源氏物語』であり、『枕草子』であり、あるいは『土佐日記』といった作品である。

この時代になってようやく、平安貴族たちは桜の花を見て、そう言えば日本の皇室の元になる女性は木花咲耶姫《このはなさくやひめ》だったと思い出すようになったのではないか。

二五

人はいさ
心もしらず
ふるさとは
花ぞむかしの
香ににほひける

紀貫之

**紀貫之**（きのつらゆき　八七二？〜九四五？）
若くして歌才を現し、勅撰和歌集『古今和歌集』の撰者となる。仮名文で書かれた『土佐日記』の作者としても有名。

**歌意**＝人の心の内は、さあ、どうだかわからないが、故郷では花が昔のままに薫っているよ。

### ◎日本の和歌の基本的姿勢を示す

紀友則《きのとものり》は『古今和歌集』の撰者の一人であったが、完成を見ずにこの世を去っている。同じく撰者であった紀貫之《つらゆき》は友則の従兄弟に当たるが、彼の方が『古今和歌集』の撰者としては長く人々の記憶にとどまる存在となった。

とりわけ紀貫之が平仮名で記した『古今和歌集』の序文「仮名序」は、和歌の本質や作法を明示したものとして後世に大きな影響を及ぼしている。たとえば、その中には「ちからをもいれずしてあめつちをうごかし　めに見えぬ　おに神をもあはれとおもはせ　をとこをむなのなかをもやはらげ　たけきものゝふの心をもなぐさむるはうたなり」といった文があるが、この姿勢が日本の和歌の基本を示すものとなったのである。

紀貫之という人は、和歌そのものよりも、こうした枠組みをつくり上げたという点で、高く評価されるべき人物であると思っている。

## 女流文学の誕生

二六

思ひつつ
寝《ぬ》ればや人の
見えつらむ
夢《き》としりせば
覚めざらましを

小野小町

**小野小町**（おののこまち　八〇九?〜九〇一?）平安前期の女流歌人で、六歌仙の一人。出羽郡司小野良真《よしざね》の娘とされ、仁明《にんみよう》天皇・文徳《もんとく》天皇に仕えていたと言われている。
**歌意**＝恋しく思いながら寝入ったから、あの人が現れたのでしょうか。夢と知っていれば、目覚めたくはなかったのに。

### ◎多彩な女性たちが活躍した平安朝文学の奇跡

『古今和歌集』に収められている小野小町《おののこまち》の歌である。有名な「夢」三首の初。「夢としりせば　覚《さ》めざらましを」というところには、今もなおみずみずしい現代性が感じられる。ちなみに他の二首は次のとおりである。
「うたたねに　恋しき人を　見てしより　夢てふ物は　たのみそめてき」（うたたねをしていたら、恋しい人を夢に見た。そのときから、夢という頼りのないものを頼むようになってしまった）
「いとせめて　恋しき時は　むばたまの　夜の衣を　かへしてぞ着る」（あなたのことがどうしようもなく恋しいときは、夜の衣を裏返して着るのです）
この「夜の衣を　かへしてぞ着る」とは、衣を裏返しにして寝ると、夢の中で恋人に逢えるという俗信によるものである。
小野小町は、よく知られるように、日本人にとってはクレオパトラ、楊貴妃《ようきひ》と並ぶ世界三大美女の一人になっている。美女の典型としてわれわれは記憶しているが、小野小町についてはいろいろな伝説があり、出自も含めて謎が多い。その歌には、女性らしい繊細さの中にも熱情の込められた恋愛感情が描かれているものが多く、古来、多くの人を引き付けてやまない。
次の一首も、そういう恋愛の歌である。
「わびぬれば　身をうき草の　根をたえて　さそふ水あらば　いなんとぞ思ふ」（侘《わび》しく暮らしていましたので、浮草の根が切れて水に流されていくように、誘ってくれる人がいるなら一緒に行こうと思います）
これは小野小町と同じく六歌仙の一人である文屋康秀《ふんやのやすひで》が国司として三河国《みかわ》に下るときに「一緒に行けませんか」と誘ってきたことへの返歌である。文屋康秀と小野小町は親密な仲だと言われているが、絶世の美女からこう言われれば、文屋康秀ならずとも誘いたくもなるだろう。
この小野小町の歌、紫式部《むらさきしきぶ》の小説（『源氏《げんじ》物語』）、清少納言《せいしょうなごん》の随筆（『枕草子』）に代表されるように、平安朝の女流文学は世界の奇跡と言っていいほどの高い水準にある。現代ならいざ知らず、あの時代に女性がこれだけ活躍するというのは、世界史のどこを探しても見つからない。

しかも、一人の天才が突然現れたわけではない。紫式部という世界最初の小説を書く人が現れ、また、今読んでもすごいと言わざるを得ない才知の輝く清少納言のエッセイが出る。これ以外にも『和泉式部《いずみしきぶ》日記』、右大将藤原道綱《ふじわらのみちつな》の母による『蜻蛉《かげろう》日記』、菅原孝標《すがわらのたかすえ》の娘による『更級《さらしな》日記』のような日記文学が数多く生まれている。平安文化＝女性文化と言ってしまってもいいほど多くのすぐれた女性作家が現れた時代なのである。その背景に平仮名の完成という偉業があるわけだが、それを自在に使いこなす女性がいたということは、やはり世界史上の奇跡と言うほかはないのではないか。

## 『源氏物語』の文学的偉業

二七

誰か世に
ながらへて見る
書きとめし
跡は消えせぬ
形見なれども

紫式部

**紫式部**（むらさきしきぶ　生没年不詳）平安中期の女流作家・歌人で、中古三十六歌仙の一人。『源氏物語』の作者。中宮彰子《しょうし》の後宮に出仕。「紫式部」は女房名。

**歌意**＝いったい誰が長生きをして見るというのでしょう、書きとめた筆跡は消えない形見ではあるけれども。

### ◎日本を一つの文明圏と認めさせた『源氏物語』

平安朝の女流文学の代表である紫式部《むらさきしきぶ》は、世界最初の小説を書いた人としても忘れるわけにはいかない。ここにあげた「誰か世に……」の歌は紫式部の辞世であるが、自分の書いた作品に対する自信があふれている。

一般には知られていないが、紫式部が広く国際的に評価されたのは第一次大戦後のことである。しかも、その評価はイギリスから発信された。それは次のような経緯であった。

一九一八年に第一次大戦が終わると、古い道徳観念を持つヨーロッパ文化が破壊され、近代化が進んでいく。イギリスでもビクトリア朝風の固い倫理風俗がゆるんできた。戦後十数年ぐらいたった頃、ロンドンのブルームズベリー地区にケインズやヴァージニア・ウルフといった当代一流のインテリたちが集まった。ヴァージニア・ウルフの小説を読めばよくわかるが、彼らは自分たちの生活感覚が世界で一番洗練されて、一番繊細であると信じていた。

その中に、アーサー・ウエイリーという豊かなユダヤ人家庭に生まれた語学の天才がいた。このウエイリーが『源氏物語《げんじ》』を翻訳するのである。彼自身、非常に詩的なセンスのある人であり、『源氏物語』を訳すときにも、一場面ごとのイメージを描き、それを文章にしてから、あとで注釈を見ながらイメージと内容が大きくずれていないかどうかをチェックするというやり方をとった。そのため、イメージ豊かでポエティックな『源氏物語』の翻訳本が完成したのである。

ウエイリーは『源氏物語』を訳したとき、大きなショックを受けた。なぜならば、自分たちが最先端だと思っていた生活感覚と同じような感覚を持った人たちの話が千年以上も前の日本で描かれていたからである。つまり、彼は『源氏物語』の登場人物に自分たちと同じものを感じたのである。ちょうどその頃、プルーストの大著『失われた時を求めて』が出たこともあって、この『失われた時を求めて』と紫式部の『源氏物語』は世界の二大小説と呼ばれるようになった。

ウエイリーはその後も日本の本を訳し、能なども訳してみて、日本の文明はシナとは関係ないということを明確に述べている。それまではなんとなく東アジア圏はすべて仏教文化圏で同じものと理解されていたが、ウエイリーは『日本文明の独自性』という小著を書いて、日本が一つの文明圏であると言ったのである。文化ではなく文明であると。

文化と言えば、たとえば同じ西洋文明の中にも、ドイツ文化もオランダ文化もイギリス文化もある。イギリスにはロンドンの文化もあればスコットランド文化もあるわけで、範囲が小さい。

一方、文明というのは基本的なものが共有されている大きな見地を意味する。その点で日本は小さな島ではあるが、一つの文明圏であるとウエイリーは主張したのである。そして、そのきっかけをつくったのが、『源氏物語』であったわけである。

そうしてみると「跡は消えせぬ　形見なれども」という言葉には大きな重みがある。まさに紫式部の歌のとおりになったのである。

その後、アメリカの東洋文化研究者で駐日大使も務めたエドウィン・O・ライシャワー博士が「日本は文明であってシナとは関係ない」と言い、戦後もサミュエル・P・ハンチントンがその著『文明の衝突』で世界の文明を八つに分け、日本を一つの文明圏とみなしたように、日本の独自性が認められるようになった。

もちろん、日本の中でも『源氏物語』の評価は高かった。それは徳川家康が『源氏物語』の講義を受けていることからもわかる。『源氏物語』は武家の倫理に反する内容であり、本来発禁にすべきものである。ところが家康が読んでいたというので禁止されず広まっていった。たとえば、江戸時代に雛《ひな》祭りが盛んになるのは『源氏物語』の影響で、宮廷文化への憧《あこが》れが大本にある。大名家の娘などでも恋愛関係が派手に描かれている『源氏物語』に憧れるような感じがあり、大商人や大名の娘が嫁入りするときには、『源氏物語』をひと揃え持って行ったと言われるほどである。それほど武家には公家への憧れが強かったということであり、武家の時代になっても公家文化が生き残った一つの背景ともなっているのである。

## 女流歌人の近代的センス

二八

つれづれと
空ぞ見らるる
思ふ人
あまくだりこむ
ものならなくに

和泉式部

**和泉式部**（いずみしきぶ　生没年不詳）平安中期の歌人で中古三十六歌仙の一人。越前守大《おお》江雅致《えのまさむね》の娘。情熱的な恋歌が多い。『和泉式部日記』は女流日記文学の代表作。

**歌意**＝することもなく、つい空を見上げてしまう。愛しい人が天から降りて来るというわけでもないのに。

## ◎萩原朔太郎が絶賛する近代的センス

和泉式部《いずみしきぶ》は萩原朔太郎が『恋愛名歌集』の中で、「和泉式部は、当時の散文作家たる紫式部や清少納言と相対し、韻文作家として中古女流中の第一人者である。しかも鬼才を衒《てら》うような作家ではなく、殉情《じゅんじょう》によって一貫した真の本質的歌人であり、後代にもこれと比肩《ひけん》する人を見ない」と絶賛している歌人である。

和泉式部は恋愛遍歴が華々しく、和泉守 橘 道貞《たちばなのみちさだ》の妻となる(「和泉式部」という女房名は夫の任国と父の官名を合わせてつけたもの)が、後に離婚。次に冷泉《れいぜい》天皇の第三皇子・為尊《ためたか》親王とつきあい、為尊親王が亡くなると、その弟である敦道《あつみち》親王から求愛され一子をもうける(『和泉式部日記』に描かれているのは、この敦道親王との恋愛模様である)。しかし敦道親王は早くに亡くなり、一条《いちじょう》天皇の中宮藤原 彰子《ふじわらのしょうし》へ出仕したあと、四十歳を過ぎた頃に藤原道長《みちなが》に仕えていた藤原保昌《やすまさ》と再婚するという具合である。

道長には「浮かれ女」と一刀両断されたが、その多様な恋愛体験あってこその恋歌の名手ということになるだろうか。『和漢朗詠集《わかんろうえいしゅう》』の撰者である藤原公任《きんとう》も、和泉式部の才能を大いに買っていたという。

二九

しるべせよ
跡なき波に
こぐ舟の
行くへ《へ》もしらぬ
八重《やへ》のしほ風
式子内親王

**式子内親王**（しょくしないしんのう　一一四九～一二〇一）平安末期の皇族で歌人。後白河《ごしらかわ》天皇の三女。母は藤原成子《ふじわらのしげこ》。『新古今和歌集』の代表的女流歌人で、新三十六歌仙の一人。

**歌意**＝案内しておくれ。先行く船の跡も残らない波の上を漕いでゆく舟の行方も知らず吹き渡る八重の潮風よ。

## ◎平安時代の〝結婚できない女性〟の心情を歌う

近代の詩人である萩原朔太郎をして最高のセンスとほめる歌人がもう一人いる。それが式子内親王《しょくしないしんのう》である。では、どこにそのセンスがうかがえるのか。

たとえば、この「しるべせよ……」は『新古今和歌集』に収められている恋愛の歌だが、恋も愛もどこにも出てこない。それでいて恋する心を歌っているという点で、最高の象徴詩の一つだと私は思うのである。

萩原朔太郎はこう言っている。「一言にして言えば式子の歌風は、定家の技巧主義に万葉歌人の情熱を混じたもので、これが本当に正しい意味で言われる『技巧主義の芸術』である。そしてこの故に彼女の歌は、正に新古今集を代表すると言うべきである」（『恋愛名歌集』）と。

式子内親王は建久《けんきゅう》元年（一一九〇）あたりに出家したと言われているから、だいたい四十歳ぐらいで仏門に入った計算になる。生涯独身であったようで、結婚したいけれどもできない女性の実感を表現したかのような次の歌もある。

「はかなくて　すぎにし方を　かぞふれば　花に物思ふ　春ぞ経にける」（とりとめもなく過ぎてしまった歳月を数えながら、花の散るのを嘆きつつ春を過ごしてきたのです）

ここであげた二首を含め、『新古今和歌集』には式子内親王の歌が四十四首選ばれている。これは女流歌人としては最多である。

式子内親王は藤原俊成《ふじわらのとしなり》に師事し、俊成の歌学書『古来風体抄《こらいふうたいしょう》』は式子内親王の依頼により書かれたものと言われる。また俊成の子の定家《さだいえ》は内親王のもとで仕事をしていたとされ、俊成・定家親子との関係は深いものがある。定家が撰者となった『新古今和歌集』に彼女の歌が多く選ばれているのも、そうしたつながりがあったからなのかもしれない。

## 最澄と空海

### 三〇

阿耨多羅《あのくたら》
三藐三菩提《さんみやくさんぼだい》の
仏たち
我が立つ杣《そま》に
冥加《みやうが》あらせたまへ

最澄

**伝教大師・最澄**（でんきょうだいし・さいちょう　七六七〜八二二）天台宗の開祖。十四歳で得度《とくど》、十九歳で東大寺の具足戒《ぐそくかい》を受け、比叡山に入山。三十六歳で渡唐し天台宗・密教などを学び、翌年帰国。宮中で修法を行いながら、日本仏教の改革に着手した。

**歌意**＝悟りを得られた仏たちよ、根本中堂建立のために、われらの立つ比叡山にご加護を与えてください。

### ◎本地垂迹説による神仏習合を完成させた平安仏教

伝教大師《でんきょうだいし》・最澄《さいちょう》は奈良仏教から平安仏教への移行に際して、弘法大師《こうぼうだいし》・空海《くうかい》とともに非常に重要な役割を担った。先にも述べた本地垂迹《ほんちすいじゃく》説の成立に大きくかかわるのである。

日本史を紐解《ひもと》くと、蘇我入鹿《そがのいるか》のとき、そして道鏡《どうきょう》の出たときに皇室の伝統が途絶える恐れがあった。そして、そこにはいずれも仏教がからんでいた。

すでに述べたように、蘇我入鹿は斉明《さいめい》天皇のときに仏教を背景にして天皇の位を狙ったが、中大兄皇子《なかのおおえのおうじ》と藤原鎌足《ふじわらのかまたり》がクーデターを起こして阻止に回り、その野望を打ち砕いた。

一方、南都六宗（奈良時代に栄えた六つの仏教宗派）の一つ、法相宗《ほっそう》の僧であった道鏡《どうきょう》は、奈良時代後半に孝謙《こうけん》天皇（後の称徳《しょうとく》天皇）の病気を治したことから女帝に重用されるようになった。天平神護《てんぴょうじんご》元年（七六五）に太政大臣禅師となり、その翌年には法王となって政策に関与するようになる。

すると神護景雲《じんごけいうん》三年（七六九）に、宇佐八幡宮より称徳天皇に「道鏡を皇位に即《つ》かせましたならば、天下は太平であろう」という神託が下ったという知らせが届けられた。道鏡を寵愛してやまなかった女帝は尊崇する宇佐八幡の神託だけに大いに喜び、道鏡に皇位を譲ろうと考えた。しかし、事が重大なだけに慎重になり、皇族などの護衛・警護の任に当たる近衛将監《このえのしょうげん》の位にあった和気清麻呂《わけのきよまろ》を呼んで「宇佐に行き、神託を聞いてきてくれ」と命じられた。

宇佐神宮に派遣された和気清麻呂が神託を乞うと、それはこういうものであった。

「わが国は開闢《かいびゃく》以来、君臣の分が決まっている。臣下が皇位に就くことはないことである。皇位は必ず皇胤《こういん》が受ける。無道な人間はすみやかに取り除くべきである」

この宇佐大神の新たな神託を持ち帰った清麻呂はありのままを奏上し、道鏡が皇位に就くのを阻んだのである。そして、称徳天皇が崩御《ほうぎょ》したあと、藤原百川《ももかわ》の努力によって天智《てんぢ》天皇の流れを汲む光仁《こうにん》天皇が即位し、次に桓武《かんむ》天皇が立って平安朝が始まることになる。

平安朝になると、最澄と空海によって新しく大陸よりもたらされた天台宗や真言宗が皇室とうまく溶け合い、それ以降、宗教が皇室を侵すようなことはなくなった。むしろ異国の宗教としての毒が抜かれ、日本の文化を豊かにする方にのみ働くようになったため、天皇も安心して仏教に帰依なさるようになるのである。

ここに、世界にも稀《まれ》な土着の宗教と外来の宗教の両方が並立する神仏習合の本地垂迹説が定着することになった。それをリードしたのが最澄の天台宗と空海の真言宗だったのである。

この歌の形は異形と言ってよい。思い切った字余りで始まる。和歌は大和言葉《やまとことば》を用いるのを常法としていたが、「阿耨多羅三藐三菩提《あのくたらさんみゃくさんぼだい》（無上正遍知＝仏陀の悟り）」とか「冥加《みょうが》」（加護）という仏典の用語を用いている。この異形の歌に対して正岡子規は『歌よみに与ふる書』の中で、「いとめでたき歌にて候……」とほめ、この思い切った長句を用いた人もさすがであるが、これも『新古今和歌集』という勅撰集に入れた選者の勇気を偉いとほめている。

三一

忘れても
汲《く》みやしつらむ
旅人の
高野のおくの
玉川のみづ

空海

**弘法大師・空海**（こうぼうだいし・くうかい　七七四〜八三五）真言宗の開祖。十九歳の頃より修行を始め、三十一歳のときに東大寺戒《かい》壇院《だんいん》で得度受戒《とくどじゅかい》したとされる。八〇四年に留学僧として入唐。二年後に帰国し、真言密教の確立に力をつくした。

**歌意**＝旅人が高野の奥の玉川の水を汲んで飲んでしまわないように、忘れずに教えなくてはなりません。

## ◎空海伝説

最澄《さいちょう》と空海《くうかい》は平安仏教を代表する二人だが、その生き方は対照的である。比叡山《ひえいざん》にこもった最澄に比べ、空海は日本全国を歩き回り、「弘法《こうぼう》さん」「お大師《だいし》さん」と呼ばれて親しまれている。空海の足跡は空海伝説として後世に伝わり、今でも五千以上もの逸話が残っていると言われる。たとえば弘法大師が入ったことから「法師の湯」と命名される温泉が各地にあり、群馬県には弘法大師が発見したとされる「法師温泉」まである。

ここにあげた「忘れても……」の歌も、そうした空海の足跡を示すものの一つである。この歌の詞書を見ると、「高野の奥の院へ参る道に玉川と云《い》ふ河の水上に毒虫の多かりければ此《こ》の流を飲むまじき由を示し置きて後よみ侍《はべ》りける」とある。つまり、「玉川の上流には毒虫が多く、毒が水に含まれているので『この水は危ないから飲んではいけない』ということを教えたあとで詠んだ歌」というのである。日本各地を旅したことで有名な弘法大師が、旅する人の戒めとして詠んだ歌というわけである。

四国・香川の満濃《まんのう》池の改修で指揮を執《と》ったという有名な話や「弘法も筆のあやまり」という諺《ことわざ》に名前が残っていることなども、空海の人柄と人気ぶりを表していると言えるだろう。

## 大和心

### 三二

さもあらばあれ
大和心《やまとごころ》し
賢《かしこ》くば
細乳《ほそぢ》に附けて
あらすばかりぞ

赤染衛門

**赤染衛門**（あかぞめえもん　九五六?～一〇四一?）平安中期の女流歌人。中古三十六歌仙の一人。夫は儒者・歌人で、東宮学士や文章博士を務めた大江匡衡《おおえのまさひら》。

**歌意**＝それがどうしたの。大和心さえ賢ければ、乳が出ようと出まいと、何も困ることはないでしょう。

## ◎大和心とは素直な心

赤染衛門《あかぞめえもん》は和泉式部《いずみしきぶ》と並ぶと言われるほどの歌人である。自らの体験をもとに情熱的な恋愛の歌を数多く詠んだ和泉式部に対して、赤染衛門は穏やかで雅《みやび》やかな歌風と評価されている。この赤染衛門の歌で特筆すべきなのは、「大和心」という言葉を初めて歌に詠みこんだという点である。それがここにあげた「さもあらばあれ……」の歌で、『後拾遺和歌集』に収められている。

この歌は菅家と並ぶ大江家の代表的文章博士で歌人でもあった夫の大江匡衡《おおえのまさひら》の次の歌への返歌となっている。

「果《はか》なくも　思ひけるかな　乳《ち》もなくて　博士の家の　乳母《めのと》せむとは」（ばかげたことだ、乳が出ないのに、博士の家の乳母にしようとするとは）

赤染衛門のところへ乳母としてやってきた女に乳があまり出なかったことを夫の大江匡衡がからかったのである。この「乳《ち》」は「知」とかけて、「知識もないのに文章博士の家に来るなんて」ということでもある。

これに対して赤染衛門は「乳が出ようと出まいと大和心《やまとごころ》さえあればいいじゃないですか」と夫をたしなめているのである。

大和心については、あとでふれる本居宣長《もとおりのりなが》に「敷島《しきしま》の　大和心《やまとごころ》を　人問はば　朝日に匂《にほ》ふ　山桜花」という歌があるが、理論や理屈ではない素直な心、純粋な感情を指すようである。赤染衛門のこの歌にも、それがはっきりと示されている。

宣長の頃になると、漢意《からごころ》と明確に対比させて用いるようになったが、すでに平安朝にもこの言い方が出ていることは注目に値する。彼女の歌に、

「から国の　もののしるしの　種々《くさぐさ》を　やまと心に　取りしてやみん」

というのもあって、シナの文明を日本人の心が摂取しているということで、シナ文明に対する日本人の心の働きを対比させ、そういう日本人の心に自信を示している。このようにシナと日本を対比させる発想は、漢学の家の大江匡衡の妻であり、大江匡房《まさふさ》の曾祖母であるという、「からごころ」の本場の家で生じた発想法として注目すべきであろう。

また、赤染衛門には『百人一首』にも入っている
「やすらはで　寝なましものを　小夜ふけて　傾《かたぶ》くまでの　月を見しかな」

があるが、幸田露伴はこの歌の「かな」の使い方を絶賛して、男心をからめ取る蜘蛛《くも》の糸のようだという趣旨のことを言っている。

# 藤原道長の栄華

三二

此《こ》の世をば
我が世とぞ思ふ
望月《もちづき》の
欠けたる事も
無しと思へば

藤原道長

**藤原道長**（ふじわらのみちなが　九六六～一〇二七）平安中期の公卿《くぎょう》、太政大臣。藤原兼家《ふじわらのかねいえ》の子。三人の娘を天皇の后とし、自らは太政大臣となり、位人臣を極めた。

**歌意**＝この世はすべて自分のもののようだ。私の人生には、満月と同じように欠けたところが一つもない。

## ◎天皇家の家来という立場を守り通した藤原家

藤原道長《ふじわらのみちなが》は平安時代の中期に絶頂を極めた人物である。三人の娘を皇后にし、三代の天皇の祖父になる。絶大な権力を持ったのは当然のことである。

ここにあげた歌は、道長の三女の威子《いし》が道長の長女彰子《しょうし》と一条《いちじょう》天皇の間に生まれた子である後一条《ごいちじょう》天皇の中宮《ちゅうぐう》となった際、催された祝宴の席で詠んだ歌だと言われている。

この歌をして道長の傲慢《ごうまん》とみなすのは簡単だが、それほど簡単に切って捨てられないところに藤原氏の偉さがある。たとえば、道長は絶対に天皇になろうとしなかった。外国であれば、三代も続いて孫が天皇であれば、次は自分が天皇になろうと言って反対する者は誰もいないだろう。

ところが藤原氏は、道長に限らず、誰もそんなことを考えなかった。それはなぜかと言えば、日本の古代は神話を事実だと考えて動いていた時代だからである。どういうことかと言うと、神話によれば藤原氏の先祖は天児屋根命《あめのこやねのみこと》である。この天児屋根命は天照大御神《あまてらすおおみかみ》が天《あま》の岩《いわ》戸《と》に入ったときに岩戸の前で祝詞《のりと》をあげ、天孫降臨の際に瓊瓊杵尊《ににぎのみこと》とともに葦原中国《あしはらのなかつくに》（日本）にやってきて中臣連《なかとみのむらじ》の祖となった。それ以来、藤原家は天皇家の一番重要な家臣として仕えてきたという伝承がある。ゆえに藤原氏は天皇の家来という立場を守り通してきたのである。

もしもその禁を犯して道長が天皇になったら、それは藤原氏ではなくなる。だから藤原氏は天皇家に対して絶対に忠義であった。先に述べたように、仏教の伝来とともに蘇我入鹿《そがのいるか》の権勢が高まって皇統が危なくなったとき、中大兄皇子《なかのおおえのおうじ》とともに入鹿を討ったのは藤原（中臣）鎌足《かまたり》であった。それから道鏡《どうきょう》が称徳《しょうとく》天皇を取り込んで自ら天皇の座を狙ったときには和気清麻呂《わけのきよまろ》が孤軍奮闘して道鏡の野心を阻むが、その清麻呂をただ一人助けたのが藤原百川《ももかわ》であった。

伝承によれば、道鏡は和気清麻呂に「お前が宇佐に行って神託を得て、私の希望をかなえてくれれば、お前を太政大臣にし、国政を任せよう。そうしなければ重罪に処してやる」と脅しをかけている。しかし、清麻呂はそれを頑として拒否した。それによって道鏡は失脚することになるわけだが、清麻呂も称徳女帝からうとまれ、別部穢麻呂《わけべのきたなまろ》と改名させられて南の果ての大隅国《おおすみのくに》に流されるのである。しかし、そのときも百川が経済的な面倒をすべて見ている。そして百川が中心になって平安朝に皇室を移すと、和気清麻呂も藤原氏に引き立てられて出世し、それ以来、和気家は繁栄するのである。

清麻呂が神託を確かめるために宇佐神宮に向かうとき、道鏡の刺客に襲われて殺されそうになったこともあった。そのときに三百頭の猪《いのしし》が現れて清麻呂を守ったという伝説が残っているが、この猪というのも、おそらく藤原氏の息のかかった豪族と考えるのが自然である。

藤原氏を語るうえでもう一つ大切なことがある。それは、中大兄皇子の大化改新以来、後宮の女性はすべて藤原氏の系統に限ったということである。そして、その伝統は昭和天皇の時代まで続くことになる。その特徴は、名前に「子」がつく。前の香淳《こうじゅん》皇后は良子《ながこ》様であった。水戸光圀《みとみつくに》によって編纂が始められ明治時代に完成した『大日本史』の中で「子」がつく女性は、すべて藤原氏の系統である。

たとえばシナには、唐の太宗のあとの高宗の皇后であった則天武后《そくてんぶこう》が自ら皇位を奪い取って周という国をつくっている。それからまた漢の高祖劉邦《りゅうほう》の皇后の呂后《りょこう》は高祖が死んだあと、皇太后となって残忍な専制政治を行った。

しかし日本では、そういうおかしな皇后や女官がいない。それは後宮を藤原氏の系統の女性で固めて皇室をお守りするというシステムを導入していたからである。これは日本史の正史においては語られざる藤原氏の一面である。

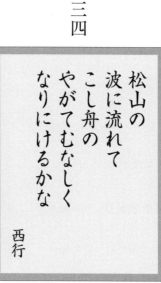

## 怨霊となった天皇

三四

松山の
波に流れて
こし舟の
やがてむなしく
なりにけるかな

西行

**西行**（さいぎょう　一一一八〜九〇）俗名佐藤義清《のりきよ》。左衛門尉《さえもんのじょう》康清の子。北面の武士。二十三歳で出家。全国を巡る修行に出る。歌集に『山家集《さんかしゅう》』『聞書集』など。

**歌意**＝松山の波に乗って海岸に流れ着いた舟も、やがては跡形もなくなってしまったなあ。

### ◎明治まで続いた崇徳帝の呪い

平安時代は源氏と平家の争いから崩壊に向かう。その最初となったのが保元《ほうげん》元年（一一五六）の保元の乱であるが、その乱を引き起こしたのが、第七十五代崇徳《すとく》天皇である。

崇徳帝は第七十四代鳥羽《とば》天皇の第一皇子ということになっているが、実は鳥羽天皇の祖父である第七十二代白河《しらかわ》天皇の子であると言われる。白河天皇は中宮藤原賢子《ふじわらのけんし》を寵愛していたが、賢子は二十八歳で亡くなる。悲嘆に暮れた白河帝は、その死体をなかなか放そうとされなかったといい、火葬したあとも宮中にこもって仏像を造って賢子を弔《とむら》われていたという。

ところがその後、祇園女御《ぎおんのにょうご》と呼ばれる身分の低い女性を愛されるようになった。この女性は大納言《だいなごん》藤原公実《きんざね》の娘璋子《しょうし》を養育しており、白河帝もこの子を可愛がられ、やがて手がついた。ここまではよくある話だが、問題はこのあとである。白河帝は璋子を孫の鳥羽天皇の中宮(待賢門院《たいけんもんいん》)にし、その後も関係を続ける。そして生まれた男子が崇徳帝なのである。つまり、鳥羽帝の立場から言えば、自分の長男は実は祖父の子であり、自分の叔父になってしまう。そのため、鳥羽帝は崇徳天皇を疎《うと》んじて「叔父子《おじご》」と呼んだという。

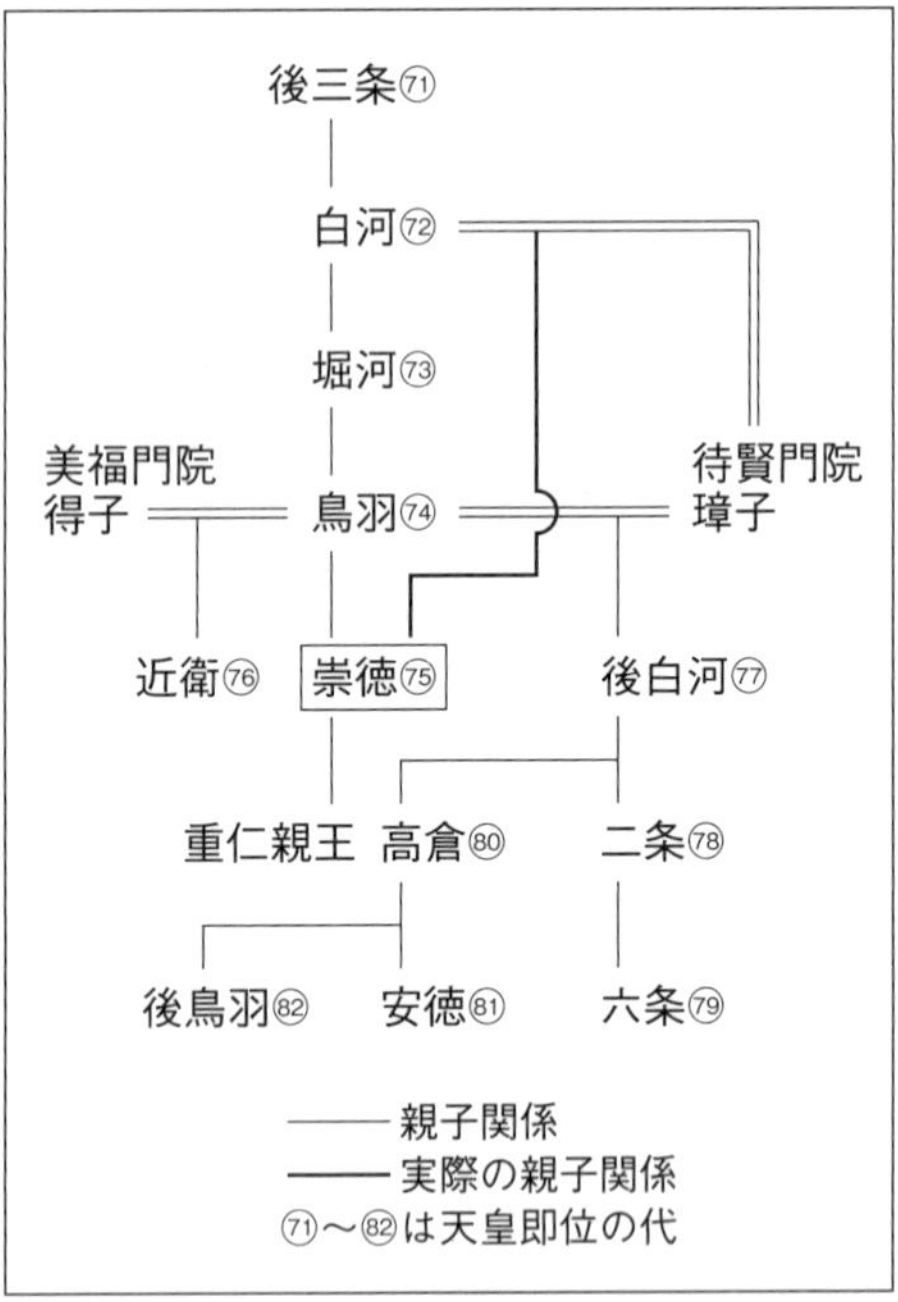


白河天皇は退位したあと、上皇となって院政を敷き、四十余年もの長きにわたって政治の実権を握り続けた。そして鳥羽天皇を二十歳の若さで退位させると、代わりに四歳の崇徳帝を即位させた。当然、鳥羽帝としては面白く

ない。白河帝が亡くなると、徹底的に崇徳帝を遠ざけ、白河帝が自分にしたように、二十二歳の崇徳帝を無理やり退位させ、まだ幼児であった第九皇子近衛《このえ》天皇を即位させる。ちなみに、この近衛天皇は璋子との間にできた子ではなく、中納言藤原長実《ながざね》の娘得子《とくし》（美福門院《びふくもんいん》）が生んだ子である。

ところが、近衛天皇が十七歳の若さで亡くなってしまう。ここに皇位継承の問題が起こることになった。崇徳帝は自分が復位するか、あるいは長男重仁《しげひと》親王を即位させたかった。しかし、鳥羽帝はその願いを退け、崇徳帝と母（待賢門院）を同じくする第四皇子の後白河《ごしらかわ》天皇を即位させた。というのは、美福門院が早くに母を失っていた後白河帝の長男を可愛がり、この子を皇位に就けたいと考えたのである。そのためには、その父を皇位に就ける必要があるというわけで、第四皇子が皇位に就いて後白河天皇となった。そして、美福門院の願いどおり、後白河帝の皇子も二条《にじょう》天皇として即位するのである。

自分の子の即位を期待していた崇徳帝の失望は大きかった。その経緯はともかく、自分は鳥羽帝の長男であり、皇位は人気もある自分の長男の重仁親王に行くべきだと考えた。だから、鳥羽上皇が亡くなると、後白河天皇から皇位を奪い取ろうとして平忠正《たいらのただまさ》、源為義《みなもとのためよし》らの武士とともに挙兵する。これが保元の乱である。

後白河天皇の側も黙ってはいない。平清盛《きよもり》や源義朝《よしとも》らを招集して対抗し、結局、崇徳帝側は敗走する。崇徳帝は髪を下ろして後白河天皇の前に出頭するが許されず、讃岐《さぬき》の松山に配流となるのである。

崇徳帝はその地で仏教に傾倒し、保元の乱の死者の霊を弔《とむら》うために三年をかけて写本した五部大乗経（法華経《ほけきょう》・華厳経《けごんきょう》・涅槃経《ねはんぎょう》・大集経《だいしゅうきょう》・大品般若経《だいほんはんにゃきょう》）を京の寺に納めてほしいと朝廷に送る。ところが、後白河帝は写本に呪詛《じゅそ》が込められているものと邪推し、これを崇徳帝のもとに送り返した。激怒した崇徳帝は自分の舌を嚙《か》み切って、その血で送り返されてきた写本に「日本国の大魔縁《だいまえん》となり、皇を取って民とし民を皇となさん」「この経を魔道に回向《えこう》す」と呪いの言葉を書きつけた。そして、以来髪も爪も伸ばし放題にして、朝廷への恨みの塊となって讃岐で亡くなるのである。

それから崇徳帝の呪いと恐れられる出来事が起こってくるのである。崇徳帝の死のすぐ後に平治の乱が起こり、民である平清盛が天下の実権を握る。その後に起こった源平合戦では、幼い安徳《あんとく》天皇が二位尼に抱きかかえられて入水《じゅすい》して果てる。この安徳天皇は、後白河天皇の系統から出た天皇であった。

次に鎌倉幕府ができると、討幕をめざした後鳥羽《ごとば》上皇が承久《じょうきゅう》三年（一二二一）の承久の変で敗れて隠岐の島へ流される。これをきっかけに、幕府が朝廷に対して大きな影響力を持つようになるのである。「皇《すめらぎ》を取って民となし、民を皇となさん」という崇徳帝の呪いが、ここに現実のものとなったわけである。

菅原道真のところでも述べたが、当時は祟《たた》りを恐れる文化があり、位の高い人の魂には怖ろしい力があると信じられていた。いわんや天皇の魂と言えば最高の力を持っている。その天皇が皇室をつぶしてやろうという呪いをかけたのだから、これは尋常なことではない。皇室において、この崇徳帝の祟りは決して忘れられないこととなり、それから以後、さまざまな形で怨霊の鎮魂が行われた。驚くことにそれは近代にまで及び、明治天皇が即位するときには勅使を讃岐に送って崇徳帝の霊を慰めている。さらには崇徳帝の霊を京都に帰還させるべく白峯《しらみね》神宮を創建するのである。まさに知られざる日本の裏面史である。

なお、この歌は、崇徳院と和歌を通じて交流のあった西行が、院の死後、仁安《にんあん》二年（一一六七）に松山を訪れた際に詠んだもの。西行は松山での崇徳院の足跡を訪ね歩くが、すでに院の所在を示すようなものは何も残っていなかった。それを嘆いた西行は「讃岐に詣《まう》でて、松山の津と申す所に、院おはしましけむ御跡尋ねけれど、形《かた》も無かりければ」と詞《ことば》書きして、亡き崇徳帝を偲《しの》び、この「松山や……」の歌を詠むのである。

西行と崇徳院については、江戸時代後期に書かれた上田秋成《あきなり》の怪異小説『雨月《うげつ》物語』に収められている名作「白峯」の中にも、回向《えこう》に訪れた西行の前に成仏できないまま怨霊《おんりょう》となった崇徳帝が現れて問答をするという場面が描かれている。

三五

願はくは
花の下《もと》にて
春死なむ
その如月《きさらぎ》の
望月《もちづき》のころ

西行

**西行**（さいぎょう　一一一八～九〇）俗名佐藤義清《のりきよ》。左衛門尉《さえもんのじょう》康清の子。北面の武士。二十三歳で出家。全国を巡る修行に出る。歌集に『山家集《さんかしゅう》』『聞書集』など。

**歌意**＝もしも願いがかなうならば、春になって桜の花が満開になった下で死にたいものだ。如月の満月の頃に。

## ◎本地垂迹説を信じた西行

この歌の中の「花」とは、もちろん桜花である。西行《さいぎょう》はもともと武門の名流に生まれた武士であったわけだが、歌人として卓越した才能を発揮した。『新古今和歌集』を指揮した後鳥羽《ごとば》上皇も西行に心酔し、この勅撰集には西行の歌が九十四首も入っている。

西行には二千首を越える歌があるが、その中に仏教にかかわるものはほとんどない。それはなぜかというと、西行が本地垂迹説《ほんちすいじゃくせつ》を信じていたからである。

たとえば、西行には伊勢神宮に行ったときに詠んだこんな歌がある。

「何ごとの　おはしますかは　知らねども　かたじけなさに　涙こぼるる」

この「何ごと」とは西行にとっては天照大御神《あまてらすおおみかみ》でも大日如来《だいにちにょらい》でもかまわない。先に述べたように、本地垂迹説では、たとえばインドでは大日如来として現れたものが、日本では天照大御神として伊勢に出現されたと考えるからである。すると西行にとっては、日本という国は神国であると同時に仏地でもある。だから、心をこめて日本の風景や風物を歌にすれば、それは仏像を彫ったりお経を唱えたりすることと等しいことなのだと西行は考えた。これはそれまでになかった発想である。

その西行が特に好きだったのが桜の花であった。普通、仏教の影響が強ければ蓮の花であろうが、西行は自分が一番好きな桜の花が咲く如月《きさらぎ》（新暦では三月）の満月の頃に、桜の木の下で死にたいと歌った。そして驚いたことに、この歌を詠んだ翌年の旧暦二月十六日、花盛りの満月のときに河内《かわちの》国葛城山の弘川寺で亡くなるのである。歌の予言が実現したということで、藤原俊成《ふじわらのとしなり》や定家《さだいえ》をはじめ、当時の歌人たちは西行を非常に尊敬したという。

## ◎西行を訪ねる旅であった『奥の細道』

この西行の伝統を受け継いだのが松尾芭蕉《まつおばしょう》である。芭蕉も西行と同じように神仏同行説をとっているが、芭蕉の西行への傾倒ぶりは尋常ではない。何よりも彼の代表作である『奥の細道』（一七〇二年）紀行とは、西行五百年忌で西行の跡をたどろうというのがそもそもの動機であったのである。

だからこそ芭蕉は、仙台の松島まで行ったあと、そのまま日本海側に行かずに平泉へ寄り道をする。さらに、酒田まで最上川《もがみがわ》を下ったあとに、わざわざ秋田の象潟《きさかた》に上がっている。いずれも西行の足跡をたどるためである。象潟には西行桜という桜の木がある。そしてその地で、西行は「きさかたの　さくらは波に　うずもれて　花のうへ漕ぐ　あまのつりぶね」という歌を作っているのである。

さらに芭蕉は『幻住庵記《げんじゅうあんき》』（一六九〇年）にはっきりと書いている。自分が住んでいる近くに八幡様の社があって、「その神体は弥陀《みだ》の尊像である。唯一神道の家ではこれを大変忌《い》み嫌うけれども、両部《りょうぶ》神道のこととて弥陀もその光を和らげ、衆生済度《しゅじょうさいど》のため俗人の間にその身を顕《あらわ》し給うのも貴いことだ」と。両部神道とは本地垂迹説を肯定している神道である。つまり、神仏同体と考えるのはありがたいことだ、と芭蕉は言っているのである。そういう意味で、芭蕉は神学的にも西行の一番の後継者であると言えるのである。

# 第二章　和歌で見る中世

## 三六

さざ浪や
志賀《しが》の都は
あれにしを
昔ながらの
山ざくらかな

平忠度

**平忠度**（たいらのただのり　一一四四～八四）
平安末期の武将。平忠盛《ただもり》の六男。平清盛《きよもり》の弟。正四位下薩摩守。藤原俊成《としなり》に師事した歌人でもある。一ノ谷の戦いで戦死。
**歌意**＝琵琶湖にさざ波が立って、滋賀の都はすっかり荒れ果ててしまったけれど、昔のままに山桜は咲いているよ。

### ◎貴族文化に憧れた武士

平忠度《たいらのただのり》のこの歌には、当時の武人がいかに和歌に関心を持っていたかを表す逸話がある。

忠度は平家一門が西国に都落ちして行く前に、自分の和歌の先生だった藤原俊成《ふじわらのとしなり》の家に行き、別れを告げる。そのときに、「このたびはまた勅撰集を出す予定があると聞いています。もしもその中に私の歌を一首なりとも加えていただけたならば、私が死すとしても朽ちることがないでしょう」と言って、鎧《よろい》の中から自ら詠んだ和歌百首あまりをまとめた作品集を取り出して俊成に渡す。平家の行く末を予感していた俊成は、涙とともにこれを受け取ったのである。

その翌年の寿永《じゆえい》三年（一一八四）二月七日、忠度は摂津国《せっつの》福原の一ノ谷で源範頼《みなもとののりより》・義経《よしつね》の軍勢と戦い戦死するが、俊成は『千載和歌集』を出すときに忠度のこの歌を入れた。ただし、そのとき平家は朝敵となっていたため、忠度の名前は伏せられ、「よみ人しらず」として収められることになった。

しかしその後、俊成の子の定家《さだいえ》が『新勅撰和歌集』を出すときに、晴れて作者として忠度の名前が明らかにされている。この『新勅撰和歌集』には忠度だけでなく、行盛《ゆきもり》、経盛《つねもり》、経正《つねまさ》ら平家の公達《きんだち》の和歌が採り上げられている。

なぜ武士である忠度が貴族文化に憧《あこが》れたか。それは平家のあり方を見ればよくわかる。武士にとって公家とは仰ぎ見る存在だったのである。だからこそ平清盛は武士であったのに公家化して、最後には太政大臣にまでなる。清盛だけではなく、平家一門がすべて貴族化するのである。それによって、武士の間に貴族文化への憧れが広まっていったわけである。

そして勅撰集というのは貴族文化のもっとも象徴的なものであり、その撰者の資格を握っているのは藤原氏であった。だからこそ忠度は藤原俊成に師事し、なんとか勅選集に自分の詠んだ和歌を入れてもらうことを望んだのである。

ちなみに、武士を「さむらい」と言うが、これは「さぶらい」のことで、語源は「さぶらう（候）」という動詞で、「目上の人にはべること、側近に仕えること」である。平安時代には宮中や高位の公卿の家に使える家人《けにん》で五位、六位の人を「さむらい」と言ったが、また、武器を持ち、貴人の警護に当たった帯刀《たちはき》も「さむらい」と呼ばれ、地方で力を得てきた武士の中から多く任用されるようになって、「さむらい」は「武士」と同義になった。

平清盛《きよもり》の先祖も元来は東国で勢力を得た豪族であり、清盛の父の忠盛《ただもり》が武士としての最初の殿上人になった人物とされている。その子である忠度の頃は、まだ武士とは公家に「さぶらう者」という意識が残っており、公家文化を憧憬《しょうけい》する心が強かったのである。

## 三七

今ぞ知る
みもすそ河の
流れには
波の下にも
都ありとは

二位尼

**二位尼**（にいのあま　一一二六～八五）平清《たいらのきよ》盛《もり》の正室、平時子《ときこ》のこと。位階が従二位であったことから二位尼という。壇ノ浦《だんのうら》で、幼い安徳《あんとく》天皇を抱え入水《じゅすい》自殺した。

**歌意**＝すぐにわかりますよ、御裳川《みもすそがわ》の流れの、その波の下にも都はあるということが。

### ◎源平合戦最終章の悲劇

二位尼《にいのあま》は平清盛《たいらのきよもり》の正室であり、清盛の死後、平家一門の支柱となった。しかし壇ノ浦《だんのうら》の合戦で追い詰められ、三種の神器の宝剣を腰にさし、神璽《しんじ》を手に持って、幼い安徳《あんとく》天皇に「この波の下にも都はあるでしょう」と言って入水《じゅすい》するのである。この歌はそのときに詠んだ辞世である。

安徳天皇の父は高倉《たかくら》天皇であり、母は清盛と時子《ときこ》の娘の徳子《とくこ》、後の建礼門院《けんれいもんいん》である。そして高倉天皇の父は後白河《ごしらかわ》天皇であり、後白河天皇は崇徳《すとく》天皇の異父弟である。要するに崇徳帝の呪いとは、この系統に皇位が行かないようにというものであったわけであり、当時の人の考え方では、安徳天皇も二位尼も崇徳帝の呪いの犠牲者ということになる。

安徳天皇の次に皇位に就いたのは後鳥羽《ごとば》天皇である。なぜ後鳥羽という名前をつけたか。鳥《と》羽《ば》天皇は崇徳天皇の父親（少なくとも公的には）である。したがって、呪いを避けるために崇徳天皇の父の名前に「後」をつけたと考えてもいいように思う。それほど崇徳帝の呪いは恐れられていた。安徳天皇ほど悲惨な死に方をした天皇はそれまでにいなかったのである。

その悲劇は寿永《じゅえい》二年（一一八三）五月に木曽義仲《きそよしなか》との倶利伽羅《くりから》峠の戦いに敗れた平家が安徳天皇と三種の神器を奉って都落ちをするところから始まった。一時は源頼朝《みなもとのよりとも》と義仲の争いに乗じて摂津《せっつの》国福原まで勢力を戻すが、寿永三年二月の一ノ谷の戦いに敗れ、讃岐《さぬきの》国屋島に逃れる。しかし、寿永四年二月の屋島の戦いで源義経《よしつね》の奇襲を受けて再び敗走、今度は長門《ながとの》国彦島に拠点を移す。そして同年三月、平家滅亡の戦いとなる壇ノ浦の戦いが起こるのである。

この戦いでは、平教盛《のりもり》、経盛《つねもり》、資盛《すけもり》、有盛《ありもり》、行盛《ゆきもり》、知盛《とももり》といった平家の武将たちがいずれも入水して最期を迎えた。武勇で知られた平教盛は源氏の武者たちを次々に倒し、義経に迫るが義経の「八艘飛び《はっそうとび》」によって取り逃し、源氏武者二人を道連れに海中に飛び込んで果てた。

平家の総大将宗盛《むねもり》は泳ぎが達者だったため、飛び込んだものの死に切れずに捕まり、後に鎌倉で頼朝に面会したあと、嫡男清宗《きよむね》とともに京へ護送される途中の近江国《おうみのくに》で斬首されている。安徳天皇の母、建礼門院は海中に飛び込むが助け出され、後に出家して大原に籠《こも》り生涯を閉じる。

最期の迎え方はそれぞれであったが、戦いの結果として、「平氏にあらずんば人にあらず」と言われるほどの栄華を極めた平氏政権は二十五年で幕を閉じる。そして、源頼朝の手によって鎌倉に幕府が開かれ、本格的な武家政権が始まることになるのである。

# 武家政権の起こり

三八

都をば
霞《かすみ》とともに
たちしかど
秋風ぞふく
白河の関

能因法師

**能因法師**（のういんほうし　九八八～?）俗名橘《たちばなの》永愷《ながやす》。二十六歳で出家し各地を旅する。藤原長能《ながとう》に歌を学ぶ。中古三十六歌仙の一人。自撰歌集『能因集』がある。

**歌意**＝都を旅立ったのは春霞が立つ頃だったが、白河の関に着いてみたら、もう秋風が吹いているよ。

## ◎幕府と朝廷が両立した理由

この歌は、能因法師が都にいるときに詠んだのだが、これを実体験の歌として世に出したいと思った。それで長い間、人に知られないように家の中に籠《こも》り、顔だけは日に焼けて黒くしてから、「陸奥《みちのく》に修行に出て詠んだものです」と披露したという。「白河の名歌でできた黒ん坊」とか「霞から秋風までは長い嘘」などと江戸川柳ではからかわれているが、当時の歌人たちの「歌枕」をあこがれる心がよく示されている。この歌をさらに有名にしたのは源頼朝《みなもとのよりとも》の逸話である。

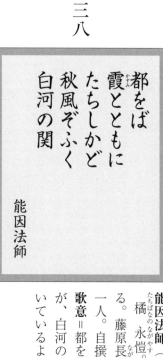

貴族に憧《あこが》れ、貴族化したことによって滅亡した平家に対して、源頼朝はあくまでも武人としての生き方を貫こうとし、公家化を恐れて鎌倉から京へ出ようとしなかった。

その頼朝が奥州征伐に出かけて白河の関に行ったとき、配下の武士たちに向かって能因法師《のういんほうし》のこの歌を詠みあげ、「お前たちはこういう歌があるのを知っているか」と聞いた。すると梶《かじ》原景季《わらかげすえ》がその歌意をふまえて頼朝に一首を奉った。

「秋風に　草木の露を　はらわせて　君がこゆれば　関守もなし」

これは「秋風に草木の露をはらわせて、頼朝様は無血進軍をして白河の関を進まれます」というような意味になるから頼朝は非常に喜んだ。そして、五百町歩の土地を梶原景季に与えるのである。

これは『吾妻鏡《あづまかがみ》』に出てくる話だが、この頼朝のあたりから和歌が物質的な得、つまり領地などと結びついていくようになる。これも和歌の徳（得）と考えられたのである。

頼朝は武力をもって広く日本を支配した最初の人物である。九州の外れにある薩摩《さつま》の島津家は、惟宗忠久《これむねただひさ》が頼朝から薩摩の地頭に任じられ島津と名乗ったのが始まりであり、中国の毛利家も頼朝の側近であった大江広元《おおえのひろもと》の四男・季光《すえみつ》を祖とする。これほど広範囲に支配をしたならば、普通の国であれば王朝そのものが変わるところだが、頼朝はそうはしなかった。なんとなれば、源氏は第五十六代清和《せいわ》天皇の皇子を祖とする清和源氏であるから、朝廷に刃向うわけにはいかないのである。

実は、このような形で皇室とのつながりを意識するというあり方は、先の大戦後、相続制度が家督《かとく》相続から個人相続に転換されるまで続いていた。戦前までは家督相続という相続法で、長男および長男に準ずる人が一まとめで家督を相続することになっていた。そのため、そこに自然と本家・分家という観念が生まれた。そして無数にある本家を束ねている本家が源氏であったり平家であったりし、さらにその上に総本家として皇室があるという非常にわかりやすい国家観があったのである。頼朝が王朝を望まなかったのも、そういう意識があったからである。

そういう意味では、戦後の相続制度の転換は日本に連綿としてあった国家観を壊してしまった。現在の皇室制度の問題も、大本はすべてそこにあると言っていいかもしれない。

# 北条政子と女の道

三九

しづやしづ
しづのをだまき
くり返し
昔を今に
なすよしもがな

静御前

**静御前**（しずかごぜん　生没年不詳）鎌倉初期の女性。白拍子《しらびょうし》（遊女）。母は白拍子の磯禅《いそのぜん》師《じ》。源義経の愛妾《あいしょう》。

**歌意**＝しず布を織るために糸を巻くおだまきのように繰り返す、昔であったらどんなに良いことか。

## ◎静御前と義経

静御前《しずかごぜん》は白拍子《しらびょうし》と言われる歌舞を演ずる芸人であった。わかりやすく言えば芸者である。静の母の磯禅師《いそのぜんじ》も京都第一の白拍子であり、それを受け継いだ娘の静ももちろん第一の白拍子であった。

その静御前が京の都を征した源義経《みなもとのよしつね》の妾《めかけ》になった。妾と言っても今とは感覚が違う。側《そく》室《しつ》になったわけである。ところが静は都で第一の芸人になるほどだから、ただ踊りがうまいだけではない。気配りがきき、教養もあった。

たとえば京都に義経がいるとき、頼朝《よりとも》が送り込んだ暗殺者の土佐坊昌俊《とさのぼうしょうしゅん》と対面することがあった。そのとき静御前は義経にアドバイスをする。「ご注意なさいませ。あのお坊さんは家に入るときも備えがあるかどうか目を配っていましたから、今夜、夜襲があるかもしれませんよ」と。

果たせるかな、静御前の読みどおり、夜襲があった。義経は何しろ武力無双だから、あんなものは蹴散らしてやろうと勢い込んで外に出ようとするが、静は「それはお止めなさいませ。どういう準備でくるかわかりませんので、鎧《よろい》をお召しませ」と言って義経に鎧を着せるのである。そして義経は土佐坊を追い払うのだが、追い払った後の義経の鎧には、蓑《みの》みたいに矢が刺さっていた。もし静の言うことを聞いていなければ、そこで義経は死んでいたことになる。

この例からもわかるように、静御前は才色兼備の女性であった。

義経は結局、頼朝と対立して位を取り上げられ、追われる身になる。そして静御前も義経に同道する。しかし吉野山に行ったとき、弁慶が「女連れで歩くのは探索の目にかかりやすい」というので、義経と静御前はそこで別れざるを得なくなる。そのあと静御前は京へ戻る途中で山僧に捕らえられ、京の北条時政《ほうじょうときまさ》に引き渡されて、文治《ぶんじ》二年（一一八六）三月に母の磯禅師とともに鎌倉の頼朝のもとへ送られるのである。

## ◎満座の武士たちが涙した静御前の舞い

そのころ鎌倉の鶴岡八幡宮《つるがおかはちまんぐう》で、頼朝が日本統一を果たして鎌倉幕府をつくった祝いの宴が開かれることになった。鎌倉の源氏の武将が勢ぞろいする中、政子《まさこ》が「どうしても都一という美人白拍子の舞いを見たい」と言い出し、頼朝もまた見たいと言う。しかし静御前はそれを辞退する。自分の旦那様はまだ逃亡中の身であり、自分も妊娠中であるからと。

それでも踊るように命じられ、鶴岡八幡宮の大広間で舞うことになるのだが、そのとき、工藤祐経《すけつね》は銅拍子を打ち、畠山重忠《はたけやましげただ》（秩父次郎）が鼓を打った（『吾妻鏡』では二人の楽器は反対になっている）。そのとき静御前が謡《うた》ったのが、この「しづやしづ……」であった。この歌には、かつて兄の頼朝と弟の義経は仲良く黄瀬川《きせがわ》で対面したのに、もう昔に帰ることはできないのだな、という意味と懐旧の情が込められている。

そしてもう一つ謡ったのは、

「吉野山　峰の白雪　ふみわけて　入りにし人の　跡ぞ恋しき」

吉野山の白雪を踏み分けて山の中に姿を消していく義経様の後ろ姿が恋しい、という義経を恋い慕う歌だった。いずれも古歌を踏まえてちょっと変えたものだが、ここにも静の才が光っている。

静御前の舞いを見ていた満座の武士たちは頭を下げて涙を流しはじめる。誰の目にも義経を思い、舞っているとわかるからである。自分たちは義経とともに宇治川で戦い、一ノ谷で戦い、屋島で戦い、壇ノ浦で戦ってきた。その将軍が今は追われる身となって奥州の彼方に逃げている。目を閉じれば懐かしい義経の姿が浮かび、あたりに蒼然《そうぜん》たる気が漂いはじめる。この情景を頼山陽《らいさんよう》は『日本楽府《にほんがふ》』第三十において、次のごとく描いている。

繰絲《サウシ》（おだまきをくること）

工藤《クドウ》ノ銅拍《ドウハク》、秩父《チチブ》ノ鼓《ツヅミ》
幕中酒《バクチユウサケ》ヲ挙《ア》ゲテ汝《ナンジ》ガ舞《マ》フヲ観《ミ》ル
一尺《イッシャク》ノ布《ヌノ》ハ猶《ナ》ホ縫《ヌ》フ可《ベ》シ
況《イワン》ヤコノ繰車百尺《サウシヤヒャクシャク》ノ縷《イト》ヲヤ
回波回《クワイハカエ》ラズ阿哥《アカ》ノ心《ココロ》
南山《ナンザン》ノ雪《ユキ》　終古深《シウコフカ》シ

（口語訳）
工藤祐経は銅拍子を打ち秩父重忠は鼓を打つ。
簾《すだれ》の中では頼朝夫婦はじめ鎌倉の錚々《そうそう》が酒を飲みながらそなたの舞いを見物する。
〝一尺の布もなお縫うべし〟とは、漢の文帝が淮南王《わいなんおう》を送るときのうた。

ましてこの想い、繰り返すおだまきの百尺の糸に似るものを。
波は返れど兄上、あなたのお心はついに遠く去ったまま。
分け入る吉野の雪の、とけようもない、冷たさ、深さ……。

そんな中、ただ一人、頼朝は激怒する。「今は賊である義経を懐かしんで人前で歌い踊るとは何事だ」というわけである。義経との経緯を考えれば、この頼朝の怒りももっともであろう。

しかし、そのとき政子が怒る頼朝をなだめる。「女の心はああいうものです。私だって伊豆であなたのところに通ったときはああいう気持ちでした。私が静の立場であれば、やはりあのように謡うでしょう」と。政子はここで、「女の道」は「男の道」とは違うのだということをはっきり示しているのである。

このあと、工藤らの武将たちが、酒肴をたずさえて静の宿所に押しかけて馬鹿騒ぎをやった上に、梶原景茂《かじわらかげしげ》が静に戯れたところ、静は、「私の夫は鎌倉殿（頼朝）の弟でありますから、世が世ならば、あなた方は私に対面もできないはずです。ふざけたまねはよしなさい」ときっぱりたしなめたと『吾妻鏡』にある。

政子に命を救われた静御前は無事に出産する。しかし男の子であったため、当時の常識として殺されてしまう。一説によれば、その後、静御前と母の磯禅師は無事に京都に送り返され、政子の財政的援助を受けて過ごしたと言われている。静御前は源平時代の弟橘媛《おとたちばなひめ》のような女性であったと言えそうである。そして、政子がそれを擁護して「女の道」というものを初めて打ち出したというのが歴史的に重要なことである。

平安朝は男も女も自由恋愛を繰り広げているような時代だったから「女の道」という概念があまりはっきりしていなかった。「女の道」が打ち出されるのは戦争が起こり、武士が登場してからである。男は勇ましく戦うが、女は鎧兜を身につけて戦争に行くわけにはいかないので後ろで支えるという形ができあがったのである。山本周五郎に『日本婦道記』（一九四三年）という小説があるが、男が戦っているときに女はどうするか、というところに端を発して「女の道」が出たということである。それを初めて意識的に示した人として、北条政子という人物を記憶しておきたいと思う。

もう一つ政子には、唐の太宗《たいそう》が臣下と交わした問答を呉兢《ごきょう》という歴史家がまとめた『貞観政要《じょうがんせいよう》』を公家に命じて平仮名に翻訳させ幕府の指針にさせた功績もある。シナではほとんど実行されていないリーダーの心得の本だが、それを学んだ日本の北条政権、あるいは徳川幕府は長い間、繁栄している。そういう点でも、政子は非常に政治的センスに富んだ人であったのである。

## 源氏政権の終わり

### 四〇

箱根路《はこねぢ》を
我が越えくれば
伊豆《いづ》の海や
沖の小島に
波のよる見ゆ

源実朝

**源実朝**（みなもとのさねとも　一一九二～一二一九）鎌倉幕府第三代将軍。頼朝《よりとも》の子。北条氏により追放された兄頼家《よりいえ》に代わり将軍となるが、頼家の子・公暁《くぎょう》に襲われ落命。

**歌意**＝箱根路を越えてやってくると、目の前には伊豆の海が広がり、沖の小島に波が寄せるのが見える。

### ◎歌人としての才を発揮した源実朝

源　実朝《みなもとのさねとも》は鎌倉幕府の第三代将軍になるが、実権は北条《ほうじょう》氏に握られ、政治的手腕を揮《ふる》う機会はなかった。ただし、歌人としては非常に優れた才能を発揮し、九十二首が『勅撰和歌集』に選ばれ、『金槐《きんかい》和歌集』という歌集もある。彼は藤原定家《ふじわらのさだいえ》に自作の和歌の撰を請うたり、鎌倉に来た鴨長明《かものちょうめい》（『方丈記』の著者）や飛鳥井雅経《あすかいまさつね》に教えを受けている。『金槐和歌集』に収めた歌は、彼が二十二歳以前のものである。ちなみに金槐の「金」は鎌倉の「鎌」の偏であり、「槐」は三公（太政大臣、左大臣、右大臣）を示すので、『金槐和歌集』とは『鎌倉右大臣歌集』の意味である。したがって、『金槐集』という書名は歌集の成立時のものではない。この歌集は大部分が、古今、新古今風のものであるが、彼の名を不朽にしたのは、ここに引用したような万葉調の二十首余の歌である。

その万葉調の作風は非常にスケールが大きく、たとえば今でも、伊豆に向かって行くときに車で箱根の山を越えると、ここに歌われているような壮大な風景を見ることができる。

それからもう一つ、実朝の有名な歌をあげるならば、次の一首をあげたい。

「山はさけ　海はあせなむ世なりとも　君にふた心　わがあらめやも」（山が裂け、海が干上がるような世になったとしても、君に二心を抱くようなことはありません）

戦争中によく歌われた愛国の歌である。ただし、本当にいい愛国の歌は恋愛の歌と言ってもいい。ここで「君」と言っているのは当然「君主」「天皇」（彼の場合は後鳥羽院《ごとば》）のことだが、今ならば「あなた」と置き換えて読めば、最高の恋愛歌になるだろう。

このように歌人としての才能を発揮した実朝であったが、源氏政権のトップであったことが彼を短命で終わらせた。建保《けんぽう》七年（一二一九）十二月、実朝は武士として初めて右大臣に任ぜられる。しかし、その翌年一月二十七日、大雪の日に、右大臣拝賀のため訪れた鶴岡八幡宮《つるがおかはちまんぐう》で頼家《よりいえ》の子の公暁《くぎょう》に襲われ命を落とすのである。

この出発に際しては、側近の大江広元《おおえのひろもと》が涙を流して「成人後は未だ泣く事を知らず。しかるに今近くに在ると落涙禁じがたし。これ只事《ただごと》に非《あら》ず。御束帯《おんそくたい》の下に腹巻を着け給うべし」と訴える場面があったとされる。しかし、実朝の教育係であり太刀持ちを務めた源仲章《なかあき》が「大臣大将に昇る人に未だその例は有らず」と答え、それを止めたという。もしも実朝が防具をつけていれば、命を落とすこともなかったかもしれない。命を永らえたとしても、北条が実権を握る中、政務でどれだけの実績を残せたかはわからないが、少なくとも優れた歌を数多く残したであろうことは間違いない。

このときは大江広元の意見を却下した源仲章も斬り殺されるが、本来、この太刀持ちは執権の北条義時《よしとき》が務めるはずだったのを、体調不良によって直前に代わったものだった。いくつもの歴史の綾《あや》がからまって、源氏将軍は三代で絶えることとなったのである。

実朝の辞世となった歌が『吾妻鏡』にある。

「出でいなば　主《ぬし》なき宿と　成《なり》ぬとも　軒端《のきば》の梅よ　春をわするな」（私が出て行ったなら、たとえ主のいない家となったとしても、軒端の梅よ、春を忘れずにいてくれよ）

これも自らの死を予言しているかのような歌である。

## 和歌の新世界

### 四一

思ひあまりそなたの空をながむれば霞《かすみ》を分けて春《はる》雨《さめ》ぞふる

藤原俊成

**藤原俊成**（ふじわらのとしなり　一一一四〜一二〇四）平安後期から鎌倉初期の歌人。権中納言俊忠《としただ》の子。後白河《ごしらかわ》院の命を受けて『千載和歌集』を編む。

**歌意**＝思い悩むあまり、あなたの暮らす方角の空を眺めると、霞を分けて春の雨が降っている。

### ◎無常観に抒情性を加えた幽玄の世界

藤原俊成《ふじわらのとしなり》は『新撰朗詠集』の撰者・藤原基俊《もととし》に師事する。その歌は、平安末期の無常観の上に『万葉集』や『古今和歌集』に見られる抒情性を加味した作風に特徴がある。萩原朔太郎に言わせると、この「霏々《ひひ》として降る春雨、霞に曇る空の向こうに、恋人を思うて終日を憂悶《ゆうもん》す」（『恋愛名歌集』）という感覚が近代的であるという。

俊成の伝統をベースとした歌風は、その時代の新しさを歌に取り入れた六条流の藤原清輔《きよすけ》と歌壇を二分していた。しかし、治承《じしょう》元年（一一七七）に清輔が没してからは、歌壇の中心人物としての地位を不動のものにした。そして寿永《じゅえい》二年（一一八三）には後白河《ごしらかわ》院の下命により『千載和歌集』の撰者となり、文治《ぶんじ》四年（一一八八）にこれを完成するのである。

歌の指導者としてもすぐれ、五摂家の一つである九条家の指導を行うほか、息子である定家《さだいえ》はもちろん、寂蓮《じゃくれん》や藤原家隆《いえたか》といったすぐれた歌人を育て上げた。先にあげた平忠度《たいらのただのり》も門下の一人である。

## 四二

駒《こま》とめて
袖《そで》うちはらふ
かげもなし
佐野のわたりの
雪の夕暮

藤原定家

**藤原定家**（ふじわらのさだいえ　一一六二〜一二四一）鎌倉初期の公家・歌人。藤原俊成《としなり》の子。『新古今和歌集』『新勅撰和歌集』『小倉百人一首』の撰者。
**歌意**＝馬をとめて、袖に降りかかった雪を払う物陰もない佐野の渡し場の雪の夕暮れよ。

### ◎和歌の歴史を動かした才人・定家

俊成《としなり》の息子、藤原定家《ふじわらのさだいえ》は『小倉《おぐら》百人一首』の編者である。「百人一首」は北条時政《ほうじょうときまさ》の娘婿である宇都宮頼綱《うつのみやよりつな》の依頼で定家が編んだものである。「小倉」は京都の嵯峨野《さがの》にあった頼綱の別荘「小倉山荘」からつけられた通称であり、もともとは小倉山荘の襖絵《ふすまえ》として飾るための依頼であった。

百人一首には定家自身の次の歌が収められている。

「来ぬ人を　まつほの浦の　夕凪《なぎ》に　焼くや藻塩《もしお》の　身もこがれつつ」（いくら待っても来ない人を待つ私は、松帆の浦の夕凪のころに浜辺で焼く藻塩のようにあの人が恋しくて、身も焦がれるほどに慕いつづけている）

定家は百人一首のほかにも『新古今和歌集』『新勅撰和歌集』などの撰者ともなっている。ここにあげた「駒とめて……」の歌は『新古今和歌集』に収められているものだが、これは『万葉集』にある「苦しくも　降りくる雨か　神《みわ》の崎　狭野《さの》の渡りに　家あらなくに」の本歌取りになっている。

本歌取りというのは、古歌に敬意を払い、形を似せるのではなく、その精神を汲《く》んで、そこに独自の趣向を加えていくもので、『新古今和歌集』の時代に流行った技法であり、定家はこれを得意とした。定家は源《みなもとのさねとも》実朝の求めに応じて歌論集『近代秀歌』を献じている。その中で「詞《ことば》は古きを慕ひ、心は新しきを求め……」と教えている。「古きを慕う」具体的な方法として本歌取りを重視するが、これは彼自身も実行したことであった。

また定家は、父俊成の唱えた「幽玄《ゆうげん》」という余情を大切にする美意識をさらに深め、対象に没入して本質を観る「有心《うしん》」という考え方を唱えて後世の歌に大きな影響を残した。歌論や歌学にも才能を発揮するなど、平安末期から鎌倉初期という大転換の時代に数々の優れた功績を歴史に刻んでいる。

しかし、定家の後半生には波乱があった。承久《じょうきゅう》二年（一二二〇）に、自らを取り立て、また庇護してくれていた後鳥羽《ごとば》上皇の怒りを買い、公の出座・出詠を禁じられてしまうのである。怒りの理由は、定家が順徳《じゅんとく》天皇の内裏《だいり》歌会で詠んだ次の歌にあるとされる。

「道のべの　野原の柳　したもえぬ　あはれ嘆きの　けぶりくらべに」

この歌は菅原道真《すがわらのみちざね》が詠んだ、

「道のべの　朽木の柳　春くれば　あはれ昔と　しのばれぞする」

という歌の本歌取りになっているが、久保田淳氏の『藤原定家』によれば、この歌によって定家は宮廷における道真配流の禁忌にふれてしまった。それによって、後鳥羽上皇に遠ざけられることになったという。そのほか、『新古今和歌集』の選考に際しても、後鳥羽院の意見に批判的発言があり、院に不快感を与えるようになっていたという。

そしてその後、承久の乱が起こり、定家と和解することもなく後鳥羽上皇は隠岐島《おきのしま》へ流されてしまう。乱のあとの貞永《じょうえい》元年（一二三二）六月、後堀河《ごほりかわ》天皇の下命を受け、定家は『新撰和歌集』の撰者となり、文暦《ぶんりゃく》二年（一二三五）三月に完成させる。その間の天福《てんぷく》元年（一二三三）に出家をし、晩年は『源氏物語』や『土佐日記』などの古典の書写校勘《こうかん》に力を注いでいる。

# 承久の乱

## 四三

事しげき
世のならひこそ
ものうけれ
花の散るらん
春もしられず

北条泰時

**北条泰時**（ほうじょうやすとき　一一八三～一二四二）鎌倉幕府第三代執権。義時《よしとき》の子。承久の乱では幕府軍総大将として討幕軍を敗り、京都に入る。

**歌意**＝忙しくしていたので、いつ桜の花が咲いて散ったのか、そんなことにも気づかないうちに季節がうつろってしまったな。

### ◎武家社会を盤石にした承久の乱の失敗

北条泰時《ほうじょうやすとき》は承久《じょうきゅう》三年（一二二一）に起こった承久の乱の幕府側の中心人物である。承久の乱は鎌倉幕府の勢力伸長に危惧を抱いた京の後鳥羽《ごとば》上皇が挙兵して、討幕を企てたというものである。上皇が兵を挙げたとの知らせを受けた鎌倉武士たちは、当初非常に動揺する。朝廷に対して刃を向け、逆臣となることを恐れたからである。

そのときに北条政子《まさこ》が「頼朝《よりとも》の恩は山よりも高く、海よりも深いはずだ。逆臣の讒言《ざんげん》により非義の綸旨《りんじ》が下された。秀康《ひでやす》、胤義《たねよし》を討ち取り、亡き三代将軍の遺跡を全うせよ。院に味方したい者は、直ちにその旨を述べて参じるが良い」と鎌倉武士たちに訴えた。秀康とは藤原秀康、胤義は三浦胤義、ともに後鳥羽上皇の討幕計画に応じて兵を挙げた武士である。

この政子の檄《げき》によって、義時《よしとき》を中心に御家人《ごけにん》が結集する。泰時は政子から見れば甥にあたるが、幕府側の総大将として十九万の大軍を率いて討幕軍と戦い、壊滅させる。

これ以降、朝廷は完全に幕府の監視下に置かれることになった。次の天皇を決めるときも、皇室側の推挙する皇子が後鳥羽上皇の系統であることから却下し、乱に関係のなかった後高倉《ごたかくら》院の第三皇子茂仁《ゆたひと》親王を即位させるのである。つまり、朝廷が幕府にお伺いを立て、幕府が天皇を指名するという一種の主権在民のようなことを実現したのである。

また、後鳥羽院を隠岐《おきの》島へ、順徳《じゅんとく》院を佐渡《さど》島へ配流したのをはじめ、上皇についた公卿や御家人もそれぞれに処罰したことによって、幕府の立場はより強固なものになった。一方で、後鳥羽院の荘園や公卿・御家人の所領を没収し、功績のあった鎌倉方御家人に分け与えたことにより、幕府と御家人との関係強化を図った。

結局、公家の権力回復を狙った後鳥羽院のもくろみは完全に裏目に出て、武家社会がより盤石なものになるのを助けることになってしまった。そして、それを実現させた第一の功労者が北条泰時であったのである。彼は嫡流の相続制を強化・安定させ、最初の武家法である御成敗《ごせいばい》式目《しきもく》（貞永式目）五十一条を定め、後世に大きな影響を残した。ちなみに五十一条という数は、聖徳太子の十七条憲法を三倍にした数という。

# 四四

われこそは
新島守《にいじまもり》よ
隠岐《おき》の海の
あらき波風
心してふけ

後鳥羽院

**後鳥羽院**（ごとばいん　一一八〇〜一二三九）第八十二代天皇。建久《けんきゅう》九年（一一九八）に土御門《つちみかど》天皇に譲位後、上皇として院政を敷く。承久《じょうきゅう》の乱に敗北し隠岐の島へ流され、その地で崩御《ほうぎょ》。

**歌意**＝われこそはこの隠岐の島の新しい島守である。だから隠岐の海の荒き波風よ、心して吹くがよい。

## ◎後鳥羽上皇の二つの顔

後鳥羽《ごとば》院は建久《けんきゅう》九年（一一九八）一月に土御門《つちみかど》天皇に譲位して上皇となる。以来、土御門、順徳《じゅんとく》、仲恭《ちゅうきょう》の三代の天皇の二十三年間にわたって院政を敷き、朝廷への介入を狙う鎌倉幕府と対立していく。その結果として起こったのが承久《じょうきゅう》の乱であった。そしてこの乱に敗れたことで朝廷と幕府の力関係は決定的に変わってしまうのである。

承久の乱のときに朝廷側についた連中はみな厳しく処罰される。後鳥羽院は隠岐島《おきの》へ流され、息子の順徳上皇も佐渡島《さどが》へ配流される。側近の公家の中には殺されたものも多数いる。島流しにあった後鳥羽院はその地で十九年を過ごしたあと没する。隠岐には今も後鳥羽院を祀る隠岐神社や火葬塚などが残っている。

以前、隠岐島の出身で船乗りになり、後に学者になり、国際基督教大学の学長にもなられた中川秀恭先生と対談したときに伺った話だが、子供のときに隠岐神社で遊んでいるとき、急に風が吹いて恐くなり、いたたまれなくなったことがあったと言っておられた。

この後鳥羽院には歌人としての顔もある。それも中世における代表的な歌人であり、後世にまで影響を及ぼしている。後鳥羽院は藤原定家《ふじわらのさだいえ》の作風を好み、正治《しょうじ》二年（一二〇〇）七月に主催した歌会に俊成《としなり》・定家の親子を招いたことを契機として俊成に師事し、定家の影響も受けて、歌作に励むようになる。

そして建仁《けんにん》元年（一二〇一）十一月には藤原定家、藤原有家《ありいえ》、源通具《みなもとのみちとも》、藤原家隆《いえたか》、藤原雅経《まさつね》、寂蓮《じゃくれん》の六人に勅撰集の命を下し、ここに『新古今和歌集』の撰歌の作業が始まるのである。『新古今集』には後鳥羽院の和歌が三十三首選ばれているが、院自身も撰歌や配列などに深く関与したという記事が定家の日記『明月記』には記されている。この日記には、定家が後鳥羽院と感情の齟齬《そご》があったことを示す記事が見える。

ここにあげた「われこそは……」の歌は『増鏡《ますかがみ》』にあるもので、隠岐に流され、その地の御所に入ったときに詠んだ一首である。都から遠く離れた地に流された寂しさ、自らを島守とたとえるしかない落魄《らくはく》の悲しみが伝わってくる歌である。

定家が選んだと言われる『小倉《おぐら》百人一首』には、後鳥羽院の次の歌が入れられている。

「人もをし　人もうらめし　あぢきなく　世を思ふゆゑに　もの思ふ身は」

後鳥羽院は豪気な方で、相撲、狩猟、武芸を好まれた。自ら刀も鍛えられ、諸国の名刀工を招いて鍛えさせ、親しく焼刃をされたという。刀匠の元祖ともいわれる福岡一文字派の祖・則宗の手になる菊の御紋と横一文字の銘の入った刀を「菊一文字」という。その性格のゆえに、天皇親政を望んで、悲劇的な「承久の乱」を起こすことになった。この乱の発端は、院の寵愛する白拍子《しらびょうし》の亀菊《かめぎく》に与えた荘園の支配権についての争いであった。それで、「亀菊振り付け承久の乱拍子」という江戸川柳もある。

# 蒙古襲来と神風

四五

をとにきく
伊せのかみかせ
ふきそめて
よせくるなみは
おさまりにけり

隆弁

**隆弁**（りゅうべん　一二〇八〜八三）鎌倉中期の天台宗僧侶。父は大納言四条隆房。十三歳で園城寺にて出家。北条得宗家《ほうじょうとくそうけ》と結び園城寺再興を果たす。大僧正・大阿闍梨《あじゃり》。

**歌意**＝音に聞こえた、かの伊勢の神風が吹いたおかげで、寄せて来る波が静かになったことだ。

## ◎なぜ神風が吹いたのか

隆弁《りゅうべん》という人は僧侶で、北条氏《ほうじょうし》総領の家系である北条得宗家《とくそうけ》と結び宗教的な側面から鎌倉幕府を支え、「鎌倉の政僧」とも呼ばれた人物である。歌人としては、六条家の歌学を継ぐ歌人として、『勅撰和歌集』にも二十五首が収められている。

この歌は蒙古《もうこ》の襲来、いわゆる元寇《げんこう》を念頭に詠まれたものと考えられる。当時の宮廷にはオカルト的な発想が根づいており、元の軍勢に勝ったのも神社仏閣で祈禱《きとう》や折伏《しゃくぶく》をしたから、あるいは公家たちが勝利や平和を願って詠んだ歌の言霊《ことだま》の力によって神風が吹き、敵艦隊に壊滅的な打撃を与えたせいだと信じられていた。要するに、鎌倉武士の功績など、ほとんど認めていないのである。この隆弁の歌にもそうした祈禱の成果を讃えるようなオカルト的側面が強く感じられる。

ところが今から見れば、祈禱をすれば勝てるわけではないことは誰でもわかる。疑いなく、元寇に勝ったのは鎌倉武士が水際で頑張って、蒙古軍の上陸を必死で阻んだからである。そのうちに、ちょうど台風がやってきたというだけの話である。

第一回目の元寇、文永《ぶんえい》の役は文永十一年（一二七四）の十月三日から二十一日にかけて起こり、第二回目の弘安《こうあん》の役は弘安四年（一二八一）五月二十一日から七月七日にかけて起こっている。新暦で言えば、神風が吹いたのは十一月と八月という時期であり、そこに台風がやって来たとしてもおかしくはない。特に弘安の役のときは、元軍がやってきてから二か月間も海岸線で攻防を繰り広げている。そのうちに台風がやってきて、敵は上陸できないまま引き返していくのである。これは鎌倉武士の奮戦の賜物と言うほかはない。

事実はそうだが、当時は〝祈禱の力〟が信じられていて、武士の働きが認められなかったのである。ようやく宮中で武士の働きが認められるのは、何と六百年以上もあとの明治三十七年（一九〇四）、日露戦争のときである。その年、明治天皇が元と戦った北条時宗《ときむね》の功績を正式に認められ、勅使を鎌倉円覚寺にある時宗の墓所に派遣されて従一位を御追贈になるのである。

その頃、明治天皇の皇后である昭憲《しょうけん》皇太后が次の歌を詠まれている。

「讐波《あだなみ》は　再び寄せず　なりにけり　鎌倉山の　松の嵐に」

これは元寇の折の時宗の功績を詠じられたものである。このようにして、時宗と鎌倉武士たちの奮戦は正式な史観として万人に認められることになったのである。

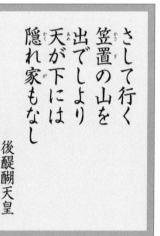

## 建武の中興

四六

さして行く
笠置《かさぎ》の山を
出でしより
天《あめ》が下には
隠《かく》れ家《が》もなし

後醍醐天皇

**後醍醐天皇**（ごだいごてんのう　一二八八～一三三九）第九十六代天皇。後宇多《ごうだ》天皇の第二皇子。鎌倉幕府を倒して建武《けんむ》の中興《ちゅうこう》を行うが失敗、南北朝分裂時代を招く。

**歌意**＝身を隠す笠と頼んでやって来た笠置山を出てからは、もうどこにも雨を避ける隠れ家はなくなってしまった。

### ◎でたらめな論功行賞が招いた建武の中興の終焉

後醍醐《ごだいご》天皇は文治《ぶんじ》二年（一三一八）に花園《はなぞの》天皇から譲位を受け天皇の位に就く。しかし、即位後三年は父の後宇多《ごうだ》天皇が院政を敷き、権力は与えられなかった。また、後醍醐天皇は第二皇子であることから傍流とみなされ、兄である故・後二条《ごにじょう》天皇の遺児である邦良《くになが》親王が成人すれば天皇の座を譲るものという暗黙の了解ができていた。つまり、後醍醐天皇は邦良親王へのつなぎ役であり、自身の子孫が皇位を継承する可能性もなければ、上皇となって院政を敷く道も閉ざされていたわけである。

後醍醐天皇はこれを不満に思い、裁定を下した鎌倉幕府に対して反感を抱くようになった。そして、正中《しょうちゅう》元年（一三二四）に幕府討幕計画を練る（正中の変）が事前に六波羅探題《ろくはらたんだい》によって突き止められ、側近の日野資朝《ひのすけとも》らが処分される。後醍醐天皇自身は自ら幕府に弁明して処分を免れるが、元弘《げんこう》元年（一三三一）、再び討幕を企てる（元弘の変）。しかし、側近の裏切りにあってまたもや計画が事前に発覚してしまう。身辺に危険の迫ったことを察知した天皇は三種の神器を持って御所を抜け出し笠置山《かさぎやま》に潜幸《せんこう》するが、幕府軍の夜襲によってそこも落城する。

後醍醐天皇は皇子たちや公卿、天上人たちとともに逃げ出す。しかし急な落城であり、素足のままで、どこへいくあてもなく山中をさまよってしまう。最初はお供の者もいたが、雨風が激しくなり、また闇の中でもあるため、そのうち傍に残ったのは藤原藤房《ふじわらのふじふさ》（万里小路藤房《までのこうじふじふさ》）と藤原師賢《もろかた》と源具行《みなもとのともゆき》の三人だけになってしまった。

天皇は農夫の姿に身をやつし、赤坂にいる楠木正成《くすのきまさしげ》の陣を目指すが、歩きなれぬ山道のために歩いては立ち止まりを繰り返し、昼夜三日ほどさまよった。しかし、食べるものもなく、ついに疲れ果てて、谷の岩を枕に主従ともども横になってしまった。そのときたまたま風が吹いてきて、松の梢《こずえ》がさわさわと音を立てた。天皇は雨が降ってきたのかと思い木陰に移ると、今度は木の下露がはらはらと袖にかかった。それを見て詠まれた歌が、

「さして行く　笠置《かさぎ》の山を　出でしより　天《あめ》が下には　隠《かく》れ家《が》もなし」

すると万里小路藤房（藤原藤房）がこれに答えて、

「いかにせん　たのむ陰とて　立ちよれば　なほ袖ぬらす　松の下露《したつゆ》」

という一首を詠んだ。

御製《ぎよせい》の方の「さしてゆく」は「笠置」の「笠」の縁語であり、「天が下」は「雨が下」にかけてある。敗残の天皇主従《しゆじゆう》が、山の中で道に迷い、しかも雨に降られたときも、このようなやりとりがなされていたことは、日本の教養の伝統を示すものとして感激的ですらある。

結局、このあと天皇は捕えられ、翌年、隠岐島《おきの》に流される。幕府は邦良親王の次に即位する予定であった光厳《こうごん》天皇を即位させるが、反幕府勢力は依然として各地で活動していた。そして元弘三年（一三三一）になると、名和長年《なわながとし》らの手引きによって後醍醐天皇は隠岐から脱出し、伯耆国《ほうきの》船上山（現在の鳥取県）で兵を挙げる。これを追討するために幕府が送り込んだ足利高氏《あしかがたかうじ》（尊氏）が幕府を裏切り六波羅探題を攻略し、鎌倉では挙兵した新田義貞《にったよしさだ》が北条氏を滅亡に追い込む。

京に戻った後醍醐天皇は光厳天皇の即位を否定し、「建武《けんむ》の中興《ちゆうこう》」という形で実権を取り戻される（一三三三～三六）。この建武の中興が成功したのは、承久の乱のときに宮廷側について

鎌倉幕府から領地を奪われた武士たちが動いたのが大きな要因であると思われる。

しかし、この建武の中興はわずか三年あまりで終わってしまう。朝廷政治を復活させようとした後醍醐天皇に対して武士の不満が高まり、足利尊氏が離反したことが直接のきっかけである。さらに元をたどれば、論功行賞がでたらめだったという理由が挙げられる。後醍醐天皇は側近の公家や女官、僧侶たちに領地や位を与えたが、旗揚げの頃から付き従っていた武士には大した恩賞を与えなかった。

たとえば赤松円心《あかまつえんしん》は大塔宮護良親王《おおとうのみやもりよし》の令旨《りようじ》を受けて挙兵した人物で、山陽道地方の領主では最初に宮廷側に味方し、最初に京都に攻め入り、その後、足利尊氏と協力して六波羅を攻め、北条氏追討には特別の功績があった。そして、播磨《はりま》守護職を与えられたが、間もなく取り上げられ、功に報いられること僅少であった。それで足利尊氏が、後醍醐天皇の朝廷に反旗を翻すと、それに参加し、足利政権をつくるのに大功があった。楠木正成にして、河内《かわち》の辺りのわずかな領地が与えられた程度であった。

これに反し、後醍醐天皇の寵妃阿野廉子《あのれんし》は、隠岐遷幸にもつき従った忠実さのゆえに、建武政権の論功行賞に口を出し、「女謁《じょえつ》」の代名詞のようになり、武功のあった武士たちの怨みを買ったのである。赤松円心がそむくに至ったのにも関係があったとされる。ちなみに「女謁」という言葉は『太平記』に出てくるが、皇帝に仕える女性が、君主の寵愛を利用して、頼みごとをすることである。建武の中興は論功行賞の不備によって終わったと言ってもいいほどである。後醍醐天皇の笠置落ちに随行して右に掲げた歌で答えた藤原藤房は、論功行賞が不公平であることを天皇に直接諫言《かんげん》したが容れられなかった。それで新政府に絶望して失踪したのである。

それに比べると、足利尊氏は武士の出身であるから論功行賞のセンスがあった。それが足利幕府のできた大きな要因となるのである。

## 四七

かへらじと
かねて思へば
梓《あづさ》弓《ゆみ》
なき数に入る
名をぞとどむる

楠木正行

**楠木正行**（くすのきまさつら　?〜一三四八）南北朝時代の武将。楠木正成《まさしげ》の嫡男。四条《しじょう》畷《なわて》の戦いで高師直《こうのもろなお》と戦い、最後は弟の正時《まさとき》と共に自害した。小楠公と呼ばれる。

**歌意**＝死ぬのを覚悟しての出陣である。梓弓が鳴って飛び去るように死地に赴く者の名をここにとどめておこう。

### ◎建武の中興の終わりの歌

足利《あしかが》幕府に対して最後まで戦ったのは、やはり楠木《くすのき》一族であった。

楠木正成《まさしげ》は尊氏《たかうじ》が西国に落ち延びたとき、後醍醐《ごだいご》天皇に対して尊氏との和睦《わぼく》を進言する。ところが後醍醐天皇はこれを拒み、新田義貞《にったよしさだ》を大将とする尊氏討伐軍を西国に派遣し、正成を謹慎処分にする。しかし、義貞は播磨国《はりまのくに》で足利方の反撃に遭って足止めを食い、尊氏に陣営を立て直す時間を与えてしまった。その間に状況は一変してしまう。尊氏は九州を制覇して、再び大軍を連れて上洛してくるのである。

正成は後醍醐天皇に再度和睦を進言するが受け入れられない。ならば天皇が京都から撤退して比叡山《ひえい》に退避するように進言したが、公家が邪魔してこれも聞き入れられなかった。正成にしてみれば、尊氏の大軍が京都に入ったとき、河内《かわち》から出撃して、その兵糧などの補給を断ち切れば、大軍だけに困窮が大きく、ばらばらになるという可能性を見抜いていたのだった。

こうした進退きわまった状況で、正成は建武《けんむ》三年（一三三六）七月、新田義貞とともに湊川《みなとがわ》の戦に出陣するように命じられ、足利尊氏・直義《なおよし》兄弟と戦い、玉砕するのである。最期は弟の楠木正季《まさすえ》と刺し違えて果てたと言われている。その結果、後醍醐天皇は吉野山に逃げなければならなくなり、ここに南朝が始まるのである。

ここにあげた「かへらじと……」の歌は楠木正成の長子・正行《まさつら》の詠んだもの。正行は父・正成が湊川の戦いに出陣するとき同行をせがむが、正成はそれを許さず、「汝は残って最後まで忠義を貫け」と諭す。このときの情景が、「桜井の別れ」として絵にもなり、詩にもなり、小学校唱歌にもなって、戦前の教育の重要な一部となっていた。このとき十一歳だった正行は父の言葉を守って文武に励み、足利軍から何度も勝利を収める。しかし、最終的には高師直《こうのもろなお》の大軍と四条畷《しじょうなわて》で相まみえ、戦死することになる。その出陣の前に詠んだこの和歌は、正行の辞世であり、同時に建武の中興の終わりの歌でもあるのである。

なお、南朝が正統と認められた明治時代になって正行は従三位を追贈され、四条畷神社に祀《まつ》られることになった。

## 南北朝時代

### 四八

いまむかふ
方《かた》はあかしの
浦ながら
まだはれやらぬ
我が思ひかな

足利尊氏

**足利尊氏**（あしかがたかうじ　一三〇五〜五八）鎌倉後期から南北朝時代にかけての武将。後醍醐《ごだいご》天皇を助け建武の中興を成し遂げるが、後に離反。室町幕府を打ち建てる。

**歌意**＝これから向かうのは明石の浦のほうだが、「明し」という名とは違って、私の思いはまだ晴れないままである。

### ◎後醍醐天皇を尊敬し、裏切った男

南朝と北朝に別れるもとになった足利尊氏《あしかがたかうじ》の歌である。これは京都での新田義貞《につたよしさだ》との戦いに

敗れて西方に落ち延びる途中、現在の兵庫県の明石にさしかかったところで詠んだもの。「あかし」は地名に「明るい」「開ける」をかけた言葉で、「これから向かうのは明石の浦だが、自分の心は晴れない」という気持ちを詠んでいる。

足利尊氏は河内《かわち》源氏の嫡流足利貞氏《さだうじ》の嫡男として生まれた鎌倉幕府の有力な御家人《ごけにん》で、当初、幕府軍を率いて後醍醐《ごだいご》天皇の討伐に向かうが、突然、寝返って反幕府の旗を立て、京都の六波羅探題を攻め落とす。これをきっかけに鎌倉幕府は滅亡に追い込まれることになるのである。その功績を讃えられて、後醍醐天皇の諱《いみな》である尊治《たかはる》の御一字を賜り、名を高氏から尊氏に改める。ところが、建武《けんむ》の中興《ちゅうこう》で武士の不満を代表する形で後醍醐天皇に反旗を翻し、今度は天皇を敵に回して戦い続けるのである。

明治時代になって南朝が正統と認められると、尊氏は後醍醐天皇に謀反《むほん》を起こした逆賊として扱われるようになった。しかし、歴史の中での取り扱いはどうあれ、尊氏が後醍醐天皇を尊敬していたことは明らかである。だからこそ、天皇が崩御《ほうぎょ》すると盛大な葬式を執り行い、またそのときに読んだ弔辞も切々たる哀悼の思いがこもったものであった。天竜寺を建立して、後醍醐天皇の菩提《ぼだい》を弔《とむら》ったのも尊崇《そんすう》の証である。

ある意味では、そういう幅の広さが尊氏の魅力であり、それゆえに彼のもとに足利幕府が成立したのであろうと思うのである。

# 四九

君がため
世のため何か
惜しからん
すててかひある
命なりせば

宗良親王

**宗良親王**（むねながしんのう　一三一一〜八五）南北朝・室町時代の皇族。後醍醐《ごだいご》天皇の皇子。母は二条為子《ためこ》。同母兄弟に尊良《たかよし》親王、異母兄弟に護良《もりよし》親王、懐良《かねよし》親王など。

**歌意**＝大君のため、世のためにならば何を惜しむことがありましょう。捨てる甲斐のある命であるならば。

## ◎流離艱難に耐えた皇子

南朝には悲劇的な人が多く、そのため北朝に関係した人たちよりも逸話が多く残っている。この宗良《むねなが》親王もその南朝の中心人物の一人である。宗良親王は後醍醐《ごだいご》天皇の皇子で、十歳あまりのときに僧となり尊澄《そんちょう》と称していた。正中《しょうちゅう》二年（一三二五）に妙法院門跡を継承し、元徳《げんとく》二年（一三三〇）には天台座主《ざす》に任じられるが、元弘の変により捕えられて讃岐《さぬきの》国に流罪になった。

その後、後醍醐天皇の建武《けんむ》の中興《ちゅうこう》が始まると再び天台座主に復帰するが、南北朝の争いが激化するようになると兄の尊雲《そんうん》（大塔宮護良親王《おおとうのみやもりよし》）とともに還俗《げんぞく》して宗良を名乗り、南朝方として北朝方と戦うのである。特に北畠顕家《きたばたけあきいえ》と共に戦い、その後は征東将軍として越中《えっちゅう》、越《えち》後《ご》、駿河《するが》、信濃《しなの》、甲斐《かい》、美濃《みの》など各地で戦い続けた。正平《しょうへい》七年（文和《ぶんな》元年／一三五二）に新田義宗《よしむね》（義貞の子）らが鎌倉を攻めたときには、親王も武蔵野《むさしの》に軍を進めた。その折に兵士を励ますために作った歌がここにあげた「君がため……」である。これは『新葉和歌集』に収められている歌だが、その詞書には武蔵国小手指原《こてさしがはら》で作ったとある。

このときの戦いでは一時的に鎌倉を占領するが、長くは続かず、再び信濃に戻った。その後、信濃でも敗れ、応安《おうあん》七年（文中《ぶんちゅう》三年／一三七四）に三十六年ぶりに吉野に帰る。そして南朝側の歌人の和歌の編纂をはじめ、永徳《えいとく》元年（弘和《こうわ》元年／一三八一）に『新葉和歌集』として形をなした。その途中で再び出家をしているが、和歌集ができあがって以後の消息は明らかになっていない。

# 五〇

さむからし
民のわらやを
思ふには
ふすまの中の
我もはづかし

光厳帝

**光厳帝**（こうごんてい　一三一三～六四）南北朝の時代の北朝の第一の天皇。明治四十四年に南朝が正統とされたため、歴代天皇から除外されている。

**歌意**＝風が入り込んで寒々しい民の家を思うと、ふすまに囲まれた中にいる私は恥ずかしい気持ちである。

### ◎歴代天皇から外された天皇

光厳帝《こうごんてい》は北朝（持明院《じみょういん》統＝第八十八代後嵯峨《ごさが》天皇の子である第八十九代後深草《ごふかくさ》天皇の子孫）の天皇である。北朝の天皇は今では歴代天皇の数から省かれているが、皇室では南北朝の差別をしないでお祀《まつ》りしていると聞いている。この南北朝という言い方についてもいろいろ議論があった。

我々は学校で南朝（大覚寺《だいかくじ》統＝第八十八代後嵯峨天皇の子である第九十代亀山《かめやま》天皇の子孫）が正統であると習ったわけだが、私はこれについて子供の頃におかしいと思ったことがある。と言うのは、元中《げんちゅう》九年（北朝の明徳《めいとく》三年／一三九二）に結ばれた和約によって南北朝は合体をする。それによって南朝（大覚寺統）の後亀山《ごかめやま》天皇が京都に入り、北朝（持明院統）の後小松《ごこまつ》天皇に三種の神器を譲って退位するのである。その後は両統から交互に天皇を出す（両統迭立《てつりつ》）約束になっていたが、実際には北朝の系統から続けて天皇が出て、約束は反故《ほご》にされている。しかも、北朝の嫡男が断絶しても南朝系統の天皇を迎え入れず、引き続き北朝の伏見宮《ふしみのみや》家から天皇を迎えている。系図を見れば、北朝一代が光厳天皇で、二代がその弟の光明《こうみょう》天皇、三代目が光厳天皇の子供の崇光《すこう》天皇となるが、この系統からその後の一番長い天皇家の系統が出てきているのである。

つまり、我々は南朝が正統と教えられるわけだが、系統から言えば現在の天皇は北朝から出ているのである。にもかかわらず、南朝を正統とし、北朝系統の天皇を歴代天皇から除外するというのはどういうことなのか。この点が私には疑問だったのである。しかし皇室では同じ先祖なので、先祖の祀りとしては両朝の天皇を祀られるというのは立派なことだと思う。

# 足利幕府と応仁の乱

五一

何ごとも
夢まぼろしと
思ひしる
身にはうれひも
よろこびもなし

足利義政

**足利義政**（あしかがよしまさ　一四三六～九〇）足利第八代将軍。父は第六代将軍義教《よしのり》。正室は日野富子《ひのとみこ》。政治よりも趣味の世界に生きた文化人。

**歌意**＝この世のことは何もかも夢幻だと思い知ったこの身には、憂いもなければ喜びもない。

## ◎応仁の乱と東山文化

足利《あしかが》幕府は足利尊氏《たかうじ》が守護大名たちにうまく利益分配をすることで成立したような政権だけに、発足当初から土台に不安定なところがあった。それがやがて応仁《おうにん》の乱（一四六七～七七）につながっていくのである。

応仁の乱が起こったのは、足利八代将軍義政《よしまさ》のときであった。正室の日野富子《ひのとみこ》になかなか子供ができないというので、義政は仏門に入っていた実弟の義尋《ぎじん》を還俗《げんぞく》させて足利義視《よしみ》と名を改め、守護大名の細川勝元《ほそかわかつもと》を後見人に立てて跡継ぎにしようとした。ところが、その後、日野富子が妊娠して足利義尚《よしひさ》を出産する。すると富子は守護大名の山名宗全《やまなそうぜん》を後見に、義尚を将軍の世継ぎにしようとする。そこに畠山氏や斯波《しば》氏のお家騒動がからんで、細川勝元と山名宗全が対立し、天下を二分しての騒動になった。民間でもよく聞くような家督相続がきっかけとなって起こったのが応仁の乱である。

このとき、将軍義政は政治的にはほとんど無力であり、何もしなかったに等しい。その間に彼が何をやっていたかと言えば、東山殿を造り、銀閣寺を建てて四畳半の茶室を発明するなど、東山文化を築き上げた。つまり、戦乱の世を嫌って、ひたすら趣味に没頭したのである。

そしてこの義政という人には天才的な鑑定眼があった。たとえばシナでは大して評価されていない南宋の時代の画家牧渓《もっけい》の水墨画を評価し、茶道具でも義政が認めたものは後の茶道に関係する者たちから大名物《おおめいぶつ》として特別に珍重された。わび、さび、茶という日本の一つの美的センスというのは、すべてこの義政から流れ出ていると言っていいぐらいの人物である。

政治的には無能な将軍であったが、日本的感覚の歴史から言えば、義政はまさに革新的な人だったと言っていいだろう。

## 忠臣ここにあり

### 五二

憂《う》きことの
なほこの上に
積もれかし
かぎりある身の
力ためさん

山中鹿之助

**山中鹿之助**（やまなかしかのすけ　一五四五？～七八）実名は山中幸盛《ゆきもり》。戦国時代の武将。尼子《あまこ》氏の家臣。講談の尼子十勇士の一人として知られる。

**歌意**＝私の身の上にもっと艱難《かんなん》が降りかかってこい。限界のある身ではあるけれど、自分の力を試してみようじゃないか。

### ◎我に七難八苦を与えたまえ

戦国時代の武将、山中鹿之助《やまなかしかのすけ》は「我に七難八苦を与えたまえ」という言葉でよく知られる少年講談の英雄であった。確か小学校の教科書にも載っていたはずである。

鹿之助は主君への忠義にあふれた人で、毛利《もうり》に攻められて尼子《あまこ》家が衰亡していく中、お家再興のために、尼子遺臣団とともに三度にわたって毛利方に戦いを挑む。「我に七難八苦を与えたまえ」はその途上で、鹿之助が三日月に祈ったとされる言葉である。

鹿之助の奮闘もあって尼子家は一時的に再興を果たすが、最終的には播磨《はりま》上月《こうづき》城で毛利軍の攻めに遭い、滅ぼされてしまう。鹿之助も捕えられ、斬刑に処せられる。自害しなかったのは、再度のお家再興を目指していたからであり、斬首されたのも、毛利家がそれを事前に防ぐためであったという説もある。この歌は、その最後のときに詠んだ辞世である。

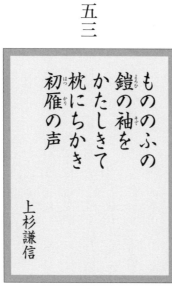

## 戦国の名武将

### 五三

もののふの
鎧《よろひ》の袖《そで》を
かたしきて
枕にちかき
初《はつ》雁《かり》の声

上杉謙信

**上杉謙信**（うえすぎけんしん　一五三〇～七八）戦国時代の越後の大名。武田信玄《たけだしんげん》と五回にわたって川中島で戦った。「越後の虎」と呼ばれる。

**歌意**＝鎧《よろい》の袖を枕に陣中で仮眠していると、この秋初めて聞く雁の声が枕もとに響いてくる。

### ◎上杉謙信と武田信玄の真実

上杉謙信《うえすぎけんしん》といえば、武田信玄《たけだしんげん》と戦った川中島《かわなかじま》の合戦ということになる。講談の世界では、この上杉、武田の対立が面白く描かれている。越後の虎と甲斐の竜が、まさに竜虎《りゅうこ》相まみえるといった様子で激突する。聞き手は自分の好みに肩入れできる楽しさがある。

しかし、実際の武士の世界では、この二人の評価はずいぶん違うのではないか。たとえば、頼山陽《らいさんよう》の『日本楽府《にほんがふ》』（一八二八年）の中に川中島の合戦を歌った漢詩がある。そこで頼山陽は上杉謙信を虎と言い、信玄を蛇と言っている。謙信の虎はいいとして、どうして信玄は蛇なのか。詩の韻律のためだけとは思いがたい。

それは信玄が父である信虎《のぶとら》を追放して家督を相続したことが大きく関係しているように思うのである。そのため、信玄には策謀が多いという感じがどうしてもつきまとってしまう。

一方、上杉謙信は竹を割ったような性質で、勇猛果敢な武人らしい堂々とした感じがある。それはここにあげた歌からも感じ取れるし、また次の陥落間近の能登七尾《のとななお》城外に設営した本陣で月を愛《め》でながら詠んだという漢詩からも感じられる。この詩は頼山陽の『日本外史』に載って有名になったものだが、戦いの最前線の雰囲気を見事に写し取っている。

霜は軍営に満ちて秋気清《すが》し
数行《すうこう》の過雁月三更《かがんつきさんこう》
越山《えつざん》併《あわ》せ得たり能州《のうしゅう》の景
遮莫《さもあらばあれ》　家郷の遠征を憶う

（口語訳）

霜は陣営を白く蔽《おお》い、秋の気は清々《すがすが》しい。

空は見上げれば雁の群れが数行飛びゆき、深夜の月が冴《さ》え冴えと照らしている。

越後越中の山々に、能登の景色も併せ見ることができた。

故郷の家族がこの遠征にある我が身を案じていようと、どうでもよいことだ。

このような武人として尊敬を集めた上杉謙信があったからこそ、豊臣秀吉《とよとみひでよし》も上杉景勝《かげかつ》を特に重んじて五大老の筆頭に置いた。また関ヶ原では石田三成《いしだみつなり》について徳川家康《とくがわいえやす》と対立したが、それでも家康は上杉家を潰すことはできず、会津《あいづ》百二十万石から出羽《でわ》米沢《よねざわ》三十万石へと減封するにとどまった。家康が武田家を完全に潰していることと比較しても、上杉という武家としての誉《ほま》れがよくわかるのである。

五四

限りあれば
吹かねど花は
散るものを
心みじかき
春の山かぜ

蒲生氏郷

**蒲生氏郷**（がもううじさと　一五五六〜九五）
戦国から安土桃山時代の武将。信長《のぶなが》、秀吉《ひでよし》に仕える。武勇に優れ、会津で伊達政宗《だてまさむね》と対峙した。キリシタン大名として知られる。
**歌意**＝桜の花には限りがあるのだから、風が吹かなくてもいずれ散ってしまうのに、春の山風は気短かに吹きつけてくることだ。

**◎家康を「ケチ」と言い放った男**

蒲生氏郷《がもううじさと》は戦国武将の中でも、もっとも武将らしい武将として評価が高く、幸田露伴《こうだろはん》も『蒲生氏郷』という作品を書いている。これは氏郷の史伝として第一級のものだと私は思う。

秀吉《ひでよし》も氏郷を頼りにし、東北の伊達政宗《だてまさむね》を押さえる奥州《おうしゅう》鎮護の任のために会津《あいづ》百万石を与えている。物語によれば、そのとき氏郷ははらはら涙を流したという。家来は百万石の大名になったので嬉し涙をこぼしたものと思ったが、さにあらず。石高が少なくとも都に近ければ、いざ事が起こったときにすぐに働けるが、百万石もらっても東北にいては何もできないという悔し涙だったと言われている。

そして幸田露伴は蒲生氏郷が伊達政宗をいかに押さえたかを見事に描き、もし氏郷が長生きしておれば徳川家康《とくがわいえやす》も安易に動けなかったろうとまで言っている。

氏郷は徳川家康を買っていなかったという話もある。武将が集まって話し合ったときに、誰が天下人としてふさわしいかという話題になった。ある者が徳川家康だろうと言うと、氏郷が「あんなケチなやつに天下がとれるものか」と言い放ったという。確かに氏郷の評したように家康はケチで、徳川四天王と呼ばれている側近の酒井忠次《さかいただつぐ》、本多忠勝《ほんだただかつ》、榊原康政《さかきばらやすまさ》でもせいぜい十万から十五万石ぐらいしか与えていない。井伊《いい》家が三十万石ぐらいであったのは、彦根《ひこね》藩主として京都の押さえを考えたからである。

氏郷は文禄《ぶんろく》元年（一五九二）の秀吉の朝鮮出兵（文禄の役）のときに、肥前名護屋《ひぜんなごや》へ出陣するが、陣中にて体調を崩し、文禄四年の二月に京都・伏見《ふしみ》蒲生屋敷において死去。享年四十歳。早すぎる死だった。ここにあげた歌は、氏郷の辞世である。

# 戦国の女の悲運

五五

さらぬだに
うちぬるほども
夏の夜の
夢路《ゆめぢ》をさそふ
ほととぎすかな

お市の方

**お市の方**（おいちのかた　一五四七？〜八三）
織田信長《おだのぶなが》の妹。浅井長政《あさいながまさ》、柴田勝家《しばたかついえ》に嫁ぐ。豊臣秀吉側室の茶々（淀君）、京極高次《きょうごくたかつぐ》正室の初、徳川秀忠《とくがわひでただ》正室のお江与《えよ》の母。

**歌意**＝そうでなくとも短い夏の夜なのに、ほととぎすが夢路に急がせるように鳴いています。

## ◎戦国時代の女の生き方

お市《いち》の方《かた》は織田信長《おだのぶなが》の妹で非常な美人であったと言われている。信長の命令で近江《おうみ》の浅井長《あさいなが》政《まさ》に嫁ぎ、織田と浅井は縁戚となるが、後に信長が浅井と同盟関係にあった越前《えちぜん》の朝倉義景《あさくらよしかげ》を攻めたことによって、織田と浅井の間は断絶する。当然、お市の方は浅井家の中で微妙な立場に置かれるが、長政はお市をかばうように二人は大変に仲睦まじかった。

しかし、長政の父の久政《ひさまさ》と義景《よしかげ》が姉川の戦い（一五七〇）で敗れ、本拠の小谷《おだに》城も陥落し、長政は自害してしまう。長男の万福丸は殺され、二男の万寿丸は出家させられ、三人の娘とお市は織田家に引き取られて清州《きよす》城で信長の庇護のもとに暮らす。

そして信長が本能寺で死んだあと、秀吉の仲介で柴田勝家《しばたかついえ》と再婚するが、信長の後継を争って勝家と秀吉《ひでよし》が対立、賤ヶ岳《しずがたけ》の戦い（一五八三）で勝家が秀吉に敗れると、お市は居城である越前北ノ庄城に戻った勝家とともに自害して果てる。そのとき秀吉はお市と娘たちを助けようとしたが、秀吉を嫌っていたとされるお市の方はそれを拒み、勝家とともに自害の道を選ぶのである。婚家浅井家の小谷城が落ちてからは、織田家の重臣柴田勝家と結婚することになった。その二人の住む北ノ庄の城が落ちることになったが、また別の武将――秀吉の可能性が高い――の女にされるのはまっぴらということだったのだろう。

ここにあげた歌は、その自害する前に詠んだ辞世である。この歌の中の「夢路」とは「死」のことである。戦国時代の政治の道具として生きた女性の悲しさというものがしみじみと伝わってくる。

ちなみに柴田勝家の辞世もあげておこう。

「夏の夜の　夢路はかなき　後の名を　雲井《くもゐ》にあげよ　山ほととぎす」（夏の夜に見る夢とは儚《はかな》いものだな。後の世に我が名を雲の上まで届けてくれ、ほととぎすよ）

お市の方の歌への返歌となっている。

## 天下の大泥棒

五六

石川や
浜の真砂《まさご》は
尽くるとも
世に盗人《ぬすびと》の
種は尽きまじ

石川五右衛門

**石川五右衛門**（いしかわごえもん　生没年不詳）安土桃山時代の大泥棒。盗みを働きながら諸国放浪。文禄《ぶんろく》三年（一五九四）に捕縛され、京都三条河原で釜ゆでにされたという。

**歌意**＝浜辺の真砂が万が一尽きたとしても、盗みをする人間がなくなることはないだろうよ。

**◎大泥棒の詠んだ和歌**

石川五右衛門《いしかわごえもん》は秀吉《ひでよし》の頃にいたとされる天下の大泥棒である。この歌は五右衛門が捕まり、三条河原で子供と一緒に釜《かま》ゆで（釜煎りとも言われる）の刑に処せられたときの辞世である。

この石川五右衛門を扱った小説に吉川英治の『天兵童子《てんぺいどうじ》』という少年倶楽部に連載された少年小説がある。天兵童子という子供が成長していく姿を描いたもので、その背景に秀吉などが絡《から》んでくる少年小説の名作である。

ＮＨＫの大河ドラマ『秀吉』では、石川五右衛門が大坂城に忍び込んで襖《ふすま》に絵を描く場面があったが、これはもちろんとんでもないフィクションである。誰が時代考証したのだろう。秀吉との関係は、あったとしてもせいぜい『天兵童子』に出てくる程度のかかわりであったのではないかと思われる。ともかく盗賊が絶えないどころか増えているのは、五右衛門の歌のとおりだ。

五右衛門は伝説的な盗賊だが、それらしい記録は残っている。『言経卿記《ときつねきょうき》』の文禄《ぶんろく》三年（一五九四）の八月二十四日の項に、京都三条橋南の川原で盗賊が釜ゆでになったり、磔《はりつけ》になったという記録があり、ゆでられた中には、子供が一人いたという。当時、長崎に来ていたスペイン人の書いたものに同様の記事がある。盗賊の名前が出てくるのは、三代将軍徳川家光《とくがわいえみつ》の寛永《かんえい》十九年（一六四二）に幕府の儒者・林羅山《はやしらざん》の「豊臣秀吉譜」である。

通俗書の『絵本太閤記《たいこうき》』では、五右衛門は河内《かわち》国石川村の文太夫という者の子で、童名を五郎吉といい、伊賀《いが》国交野《かたの》郡の百地《ももち》三太夫（この人は講談の世界では忍者として有名）に石川文吾という名前で奉公した。彼はその前に臨寛《りんかん》という外人から忍術を習ったことになっている。そして百地の若い後妻を誘惑し、八十五両の金を巻き上げて京都に出たという。『松屋日記』には五右衛門の生家は奥州《おうしゅう》白河となっており、『望海毎談』では、遠州《えんしゅう》浜松の武士で真田八郎と言ったが、河内の石川郡の医者と親類だったので、ここに行って石川五右衛門と改名したという。

さらに詳しいのは（根拠があるわけではない）、『武勇雑談集』で、秀吉に子が生まれたため自分の将来を案じた秀次《ひでつぐ》が、忍術の心得のある五右衛門を頼んで、秀吉を害そうとしたという。しかし、伏見城《ふしみ》に忍び込み、千鳥の香炉を盗もうとしたが、仙石権兵衛《せんごくごんべえ》らに捕らえられたとしている。『本朝通鑑《つがん》』には秀吉の命令で、前田玄以《げんい》が捕らえ、その母をも釜ゆでにしたとある。

このようにいろいろな話があるが、江戸時代には鼠小僧《ねずみこぞう》が人気があったのと同じく、浄瑠璃や歌舞伎でもてはやされた。

## 異形の茶人

五七

提《ひっさ》ぐる
わが得具足《えぐそく》の
一つ太刀《たち》
今この時ぞ
天に抛《なげう》つ

千利休

**千利休**（せんのりきゅう　一五二二～九一）戦国から安土桃山時代にかけての茶人。わび茶の完成者。利休は禁中茶会に参内するために正親町《おおぎまち》天皇から与えられた居士号《こじごう》。

**歌意**＝わが使い慣れた一太刀を、今この時に天に向かって放り投げよう。

## ◎秀吉が恐れた千利休の底知れなさ

千利休《せんのりきゅう》は「わび茶」と呼ばれる、一切の無駄を省くことによって独特の緊張感を生み出す茶道を完成させた人である。利休という名は、天正《てんしょう》十三年（一五八五）の禁中茶会（宮中で開かれる茶会）に出席するとき、正親町《おおぎまち》天皇から与えられた。それから彼は利休を名乗ることになるが、それまでは宗易《そうえき》という法名を使っていた。

最近評判になっている『へうげもの』という漫画がある。これは信長《のぶなが》や秀吉《ひでよし》に仕えた武将であり茶人の古田織部《ふるたおりべ》を主人公とした物語だが、そこに千利休が登場する。その中で千利休は戦場を駆け回った大名たちにも一目置かれるような巨人として描かれているが、実際にそういう人物だったのだろう。ここにあげた歌にも「太刀を天になげうつ」という茶人の和歌とは思えない勇ましい言葉が使われている。

利休は堺の商家に生まれ、また禅を通じて京都の大徳寺ともつながりがあった。信長が堺を直轄地にしたときに茶頭（茶の湯をつかさどる頭）として雇われ、秀吉にも仕えた。秀吉からは三千石を与えられるほど重用されたが、天正十九年（一五九一）、突然秀吉の勘気にふれて蟄居《ちっきょ》を命じられた。そして古田織部ほかの弟子たちが助命嘆願するも秀吉には受け入れられず、聚楽第《じゅらくだい》において切腹させられてしまう。その首は京都の一条戻橋で晒《さら》し首にされたとあるから、秀吉の怒りも尋常ではない。

その理由は諸説あってはっきりしていないが、なんらかの理由で秀吉が利休を恐れていたのではないかと言われている。そういう目でこの利休の辞世を詠むと、利休の底知れなさが感じられなくもない。

得具足《えぐそく》というのは使い慣れた武器のことで具足は漢語だが「武器が揃《そろ》っている」という意味で使うのは日本だけである。漢語を使ったという点では、和歌の伝統からは外れていることになる。しかし、日本独特の使い方なので、大和《やまと》言葉とみなし得るであろう。「天」は漢語で「てん」と読むのが普通だが、「そら」とも読める。

# 第三章　和歌で見る近世

五八

露《つゆ》と落ち
露と消えにし
我が身かな
なにはの事も
夢のまた夢

豊臣秀吉

**豊臣秀吉**（とよとみひでよし　一五三二～九八）戦国から安土桃山時代の武将。戦国大名。明智光秀《あけちみつひで》を倒し天下を統一し、豊臣政権を築く。

**歌意**＝露のように落ち、露のように消えてしまうわが身である。城を築いた難波《なにわ》のこともなにもかも夢のようだ。

## ◎天下人の辞世の句

この「露と落ち……」は秀吉《ひでよし》の辞世の句である。自らの人生を露のごときすぐに消えてしまう儚《はかな》いものにたとえて詠んでいる。天下を取ろうと何をしようと、死んでしまうことを考えれば、この世のことは何もかも夢のようなものだという諦観が感じられる。

しかし、その一方で秀吉にはどうしても思い切れない気がかりがあった。それは淀君《よどぎみ》との間に生まれた秀頼《ひでより》の行く末であった。二度目の朝鮮出兵のさなか、秀吉は五大老に対して秀頼への忠誠を誓わせる起請文《きしょうもん》を書かせたうえで、

「返々《かえすがえす》秀より事、たのみ申し候。五人のしゆ（衆）、たのみ申し候。いさい五人の物に申しわたし候。なごりおしく候」

と何度も念を押す内容の遺言状を徳川家康《いえやす》、前田利家《としいえ》、宇喜多秀家《うきたひでいえ》、毛利輝元《もうりてるもと》、小早川隆景《こばやかわたかかげ》の五大老に宛てて残しているのである。そのときまだ六歳にすぎない秀頼の行く末が心配でならないという痛切な思いが伝わってくる。この姿を「未練がましい」と見るか、「人間らしい」と見るかであるが、私は英雄にふさわしくないように思う。秀吉は若いときから当時の武将には珍しくむやみに人を殺したりしなかった人であるが、子供が生まれてからは、人間が変わってしまったようにも見える。一度は後継ぎと定めた秀次《ひでつぐ》に対する処置は、若いときの秀吉には考えられないことである。

そういう意味では、天下は取ったが思いを残して死んでいったのが秀吉であったと言うことができよう。そして実際、秀吉の不安は現実のものとなっていくわけである。

慶長《けいちょう》五年（一六〇〇）の関ヶ原《せきがはら》の戦いで家康を大将とする東軍が勝つと、秀頼は摂津《せっつ》・河内《かわち》・和泉《いずみ》の六十五万石の大名へと格下げされてしまう。さらに慶長八年に家康が朝廷から征夷大将軍《せいいたいしょうぐん》に任じられた結果、実質的な権力も失うことになった。それでも家康の息子秀忠《ひでただ》の娘千姫《せんひめ》（その母は秀頼の母淀君の妹の於江与《おえよ》）と結婚し関係修復をはかり、また慶長十六年（一六一一）には加藤清正《かとうきよまさ》と浅野幸長《あさのゆきなが》を後見役に二条城で家康と面会をするが、徳川家と豊臣家の確執は埋まらなかった。

結局、慶長二十年の大坂夏の陣で徳川方に攻め込まれて大坂城天守閣が炎上、秀頼は母の淀君らとともに自害して果てるのである。秀吉の辞世のごとく、秀頼の人生はわずか二十三年で「露と落ち、露と消え」ることになってしまったわけである。

## 五九

> 嬉《うれ》しやと
> 二度《ふたたび》さめて
> 一眠り
> うき世の夢は
> 暁《あかつき》の空
>
> 徳川家康

**徳川家康**（とくがわいえやす　一五四三〜一六一六）関ヶ原の戦いを制し、江戸幕府を開いた初代征夷大将軍《せいいたいしょうぐん》。日光東照宮ほか各地に「東照大権現《とうしょうだいごんげん》」として祀《まつ》られている。

**歌意**＝ああ嬉しいかな、最後かと目を閉じたがまた目覚めた。この世で見る夢は夜明けの暁の空のようだ。さて、もう一眠りするとしようか。

### ◎すべてやり切った偉大な創業者の達観

思いを残して死んだ秀吉《ひでよし》に対して、徳川家康《とくがわいえやす》の辞世はどういうものであったか。

ここにあげた「嬉《うれ》しやと……」が家康の辞世の句である。このとき家康は七十五歳。秀吉と同じように、この世は夢のようだという思いが詠まれているのは興味深い。これが天下人に共通する思いというものなのかもしれない。しかし、秀吉に比べれば、この家康の辞世にはすべてやり尽くしたという晴れ晴れとした明るさが感じられるではないか。

家康は長く続いた戦国時代を終わらせ、慶長《けいちょう》八年（一六〇三）に征夷大将軍《せいいたいしょうぐん》となって江戸に幕府を開いた。そして慶長十年に三男である徳川秀忠《ひでただ》に将軍職を譲ったあとも、大御所《おおごしょ》として指揮を執り続けた。大坂夏の陣で豊臣家を滅ぼして地盤を固めると同時に、武家諸法度《ぶけしょはっと》や禁中並公家諸法度《きんちゅうならびにくげしょはっと》などの制定によって武家と公家の統制に努めた。

このようにして家康は、世界にも稀《まれ》な二百六十年もの平和が続く徳川時代の基盤を築き上げることに成功した。その最期に臨んで、家康には、もう自分の役目は十分に果たしたという気持ちがあったことだろう。

この二人の辞世の句を比べると、機を見るに敏で智略を働かして天下を取ったが最晩年まで子供ができなかった秀吉と、慎重で粘り強く物事を進め子宝にも恵まれていた家康の、それぞれがたどり着いた心境の違いというものが感じられるようである。

## 朝廷と武家をつなぐ

### 六〇

武蔵野《むさしの》の
草葉の末に
やどりしが
みやこの空に
かへる月かげ

東福門院和子

**東福門院和子**（とうふくもんいんまさこ　一六〇七〜七八）徳川秀忠《とくがわひでただ》の五女松姫。後水尾《ごみずのお》天皇の中宮。明正《めいしょう》天皇の母。

**歌意**＝武蔵野の地に生い茂る草葉の先にかかっていた月も、都の空に帰ることです。

**◎徳川家から天皇家へ嫁ぐ**

東福門院和子《とうふくもんいんまさこ》は徳川秀忠《とくがわひでただ》の娘である。家康《いえやす》の申し入れによって後水尾《ごみずのお》天皇への入内《じゅだい》が話し合われ、家康の死後の元和《げんな》六年（一六二〇）に女御《にょうご》として後宮に入る。元和九年には女一宮興子《おんないちのみやおきこ》内親王（後の明正《めいしょう》天皇）が誕生し、その翌年中宮《ちゅうぐう》（皇后）となった。

徳川幕府は当時、八百万石の石高があったと言われているが、宮廷は二万石程度で天地ほどの差があった。しかし、宮廷と将軍家の関係というのは本家と分家の関係と同じで、落ちぶれていても本家は分家を一段下に見ていた。朝廷の石高は幕府の四百分の一でしかないが、権威は朝廷にあり、従一位とか正三位といった位階は宮廷しか出すことができないのである。

武力によって天下を統一した徳川政権ではあるが、将軍家の権威は「征夷大将軍《せいいたいしょうぐん》」という位を天皇から与えられることによって保たれている。またそのため源氏《げんじ》と称したことは、やはり皇室を本家にしていることが前提になっている。そこで徳川家は政権の基盤をより盤石なものにするために、自分の血筋の子供を天皇家に入れて子供を生ませようと、昔の藤原《ふじわら》家のようなことを考えたのである。その一つの例が、この東福門院和子である。

これとは対照的なのは明治維新の前にあった和宮《かずのみや》の降嫁《こうか》である。これは宮中から徳川家に嫁に行くという逆のパターンである。このように、状況に合わせて、もらったりもらわれたりしながら宮中と武家の間でなんとか政治をつなごうという試みがあったということである。

気性が激しく幕府としばしば対立した夫の後水尾天皇と幕府の間を取り持つために、和子はずいぶん苦労をしている。比叡山《ひえいざん》のふもとに修学院《しゅがくいん》離宮を造営するときには、和子が口をきいて幕府から建築資金の大半を拠出させたという。また伊達《だて》家とのつながりがあるという理由で幕府が反対した後西《ごさい》天皇の即位を実現させたのも和子の努力があったからだと言われる。

ここにあげた歌は、武蔵野の出身である自分が都に嫁にやってきたという心境を詠んだもので、東福門院和子の辞世となっている。

# 忠臣蔵

## 六一

風さそふ
花よりもなを
我はまた
春の名残を
いかにとかせむ

浅野内匠頭

**浅野内匠頭**（あさのたくみのかみ　一六六七〜一七〇二）浅野長矩《ながのり》。江戸前期の大名。播磨《はりま》赤穂《あこう》藩第三代藩主。殿中刃傷《にんじょう》により切腹を申し渡され、赤穂藩は断絶する。

**歌意**＝風に誘われて散ってゆく花よりもなお春の名残が惜しい私は、この気持ちを一体どうすれば良いのだろうか。

### ◎泰平の世に起こった小さな嵐

徳川《とくがわ》時代は世界に例のないほど長く平和の続いた時代であった。どうしてそれが可能になったかと言えば、武力で天下を取った徳川家が偃武修文《えんぶしゅうぶん》、つまり「武器を置いて学問や教養を高める」ことによって世の中を統治しようとしたことによる。

戦国時代までは、大名にとって隣の大名が一番の敵だった。ところが徳川時代になると隣の大名に攻められる危険性がゼロになるのである。さらに三代将軍家光《いえみつ》の時代に「武家諸法度《ぶけしょはっと》」が改定されて参勤交代が義務付けられるようになると、大名が他の大名の領地を通って日本中を旅行してまわるという、以前には決して考えられなかったことが実現した。ここに泰平の世が現出したわけである。

さらに時代が元禄《げんろく》の頃まで進むと、荻原重秀《おぎわらしげひで》という勘定奉行が通貨の改鋳を行い、金銀の含有量を減らした元禄金・銀を造った。これは、従来に比べて少ない量の金銀で多くの小判を造って通貨の流通量を増やして景気を刺激するとともに、幕府の金蔵に金が余るという一石二鳥の効果があった。この荻原重秀の金融政策によって、元禄文化という町人文化が花開くことになるのである。

そういう元禄泰平の世に突然巻き起こったのが「忠臣蔵《ちゅうしんぐら》」である。忠臣蔵の面白さはいろいろあると思うが、とりわけ興味深いのは、浅野内匠頭《あさのたくみのかみ》が勅使《ちょくし》饗応《きょうおう》役（宮中より幕府に派遣された使者を接待する役目）としてなぜあれほど気を使わなければならなかったかということである。これは先に述べた幕府の尊皇意識の高さによるわけで、なぜ全権力を握る幕府がいわば武力的には無力の朝廷に頭が上がらないのかは外国人には決して理解できないところである。

そして、日本人ならよく知るように、浅野内匠頭は松の廊下で勅使饗応指南《しなん》役を務めていた高家《こうけ》（老中配下で幕府の儀式や典礼をつかさどる）吉良上野介《きらこうずけのすけ》に刀を抜いて斬りかかり、赤穂《あこう》家は断絶、内匠頭には切腹という処断が下る。この決定は即日行われたわけだが、これも将軍綱《つな》吉《よし》が朝廷との大切な儀式を台無しにされたことに激怒したからだと伝えられている。いち早く処分を決定することで、自分の朝廷への恭順の意思を示したものだとも言われている。

そのあまりにも早い処分決定への戸惑いがこの内匠頭の辞世にも読みとれるのではないか。

# 六二

あら楽し
思いははるる
身は捨つる
浮世の月に
かかる雲なし

大石内蔵助

**大石内蔵助**（おおいしくらのすけ　一六五九～一七〇三）大石良雄《よしお》。内蔵助《くらのすけ》は通称。播磨国《はりまのくに》赤穂藩《あこうはん》筆頭家老で、浅野内匠頭《あさのたくみのかみ》の腹心。四十七士を率いて主君の仇討ちを果たした。

**歌意**＝ああ楽しい、無念の思いも晴れて、あとは身を捨てるだけ。月に雲がかかっていないかのようにさっぱりとした気持ちだ。浮世にはもう思い残すことは何もない。

**◎稀に見る大局観の持ち主・大石良雄**

浅野内匠頭《あさのたくみのかみ》の切腹、赤穂《あこう》家断絶という厳しい裁定に対し、その原因をつくった吉良上野介《きらこうずけのすけ》には何も咎《とが》めがないという幕府の決定は大きな波紋を巻き起こした。内匠頭の切腹からほぼ十か月後の元禄《げんろく》十五年（一七〇三）十二月十四日、亡き主君の無念を晴らすために赤穂藩の旧藩士四十七人が吉良屋敷に押し入り、上野介の首を取る。そして、そのまま泉岳寺《せんがくじ》に向かい、主君の墓前に上野介の首を捧げる。その後、各大名家に預けられた赤穂浪士は、幕命により切腹して果てる。これがいわゆる忠臣蔵《ちゆうしんぐら》のストーリーである。

その復讐《ふくしゅう》劇の中心人物が大石内蔵助良雄《おおいしくらのすけよしお》である。外国人に言わせると、忠臣蔵の最後の情景は老人を引き出してなぶり殺しにしているように見えるらしく、あまりいいイメージを与えていないようである。しかし戦前まではそうではなかった。日本人は君主の恨みを忘れない忠義の国民ということで、むしろプラスのイメージで受け止められていた。少なくともドイツではそのように教えられていると私は聞いた。

大石良雄という人は「昼行灯《ひるあんどん》」と呼ばれたような人である。もし忠臣蔵がなければ、どこが偉かったのかわからないまま終わっただろう。しかし、忠臣蔵のおかげで彼は一躍有名になった。実際、こんな偉い人がいたのか、と思うぐらいの人物である。

たとえば赤穂で塩田をつくろうとしたとき、大石はなかなか許可をしなかった。塩田づくりを進めようとした人は「この家老では話にならない」と考えたようだが、十年以上もたった頃、大石は突然のように塩田づくりを許可するのである。なぜ十年も許可しなかったのか。塩の生産を事業化するには薪《まき》が大量に必要になる。だからまず木を育てることが大切だと大石は考えたのである。そのために植林を始め、その木が育つまでに十年かかったというのである。大石はこのような大きな視野の持ち主であった。

## ◎勝利の全き所を専らに相働くべき事

また、討ち入りのときの申渡し条項にも感銘すべき一条がある。それは「勝利の全《まった》き所を専《もっぱ》らに相働くべき事」というものである。重要なのは全体として勝つことであり、首を取った者も、門を固めていた者も、その功績は同じであるというのである。

これはすごい発想である。なぜすごいかと言うと、我々の世代はこの前の戦争を思い出すのである。この大石良雄の一条を借りて言えば、先の大戦では陸軍も海軍も「勝利の全き所に相働かなかった」と言うしかない。勝ち負け以前に、陸軍と海軍が喧嘩《けんか》しているのである。

たとえば、昭和十七年（一九四二）の戦場はソロモン海域であり、海上を飛ばない陸軍の飛行機は出る幕がなかった。それなのに陸軍は、面子《メンツ》をかけて、翌年度の航空機の製造に必要な材料の分配を海軍に要求する。その結果、陸軍のほうが海軍よりも持ち分が多くなったほどである。まったく愚かと言うほかはない。「勝利の全き所に働こう」という思考が欠片《かけら》も見られない。

これは陸軍だけではない。海軍も同じである。「なぜ戦艦大和《やまと》をガダルカナルで使わなかったのか」と批判されたとき、海軍は石油がなかったことを理由にしている。しかし、その後も大和は動いているわけだから、石油がなかったというのは大ウソである。石油はあった。おそらく本当の理由は、ガダルカナルなんかに出して大和に傷がついたら大変だということだろう。結局、使い道を失って、大和は何も役に立たないまま沈められてしまうわけである。

「省益あって国益なし」の典型が先の戦争であった。これでは戦場の将校や兵隊がいくら頑張っても勝てるわけがない。

大石内蔵助の討ち入りは世界大戦に比べればスケールこそ小さいが、その方針は徹底していた。目的は吉良上野介の首を取ることただ一つ、どんな役割であっても功績は同じだと言い聞かせたからこそ、目的を達成できたのである。この徹底ぶりがすごいのである。

ここにあげた「あら楽し……」は大石良雄の辞世だが、見事に主君の仇《かたき》を取った、目的は果たしたという晴れ晴れとした心境が伝わってくるではないか。

大石良雄の歌をもう一つあげておこう。

「濁り江の　にごりに魚は　ひそむとも　などかわせみの　とらでおくべき」（濁った川のその濁りの中に魚が隠れていたとしても、カワセミがどうしてとらないでいるだろうか）

吉良がどこに逃げようが隠れようが、カワセミが狙った魚を必ず仕留めるように吉良の首を取ってみせる、という秘めた思いを詠んだものであろう。これも一貫した生き方を貫いた大石らしい歌である。

# 国学の興隆

## 六二

敷島《しきしま》の
大和心《やまとごころ》を
人問はば
朝日に匂《にほ》ふ
山桜花

本居宣長

**本居宣長**（もとおりのりなが　一七三〇～一八〇一）江戸時代の国学者。伊勢松坂の商家に生まれる。京都で医学の勉強の傍ら、漢学・国学を学ぶ。『古事記伝』の著者。

**歌意**＝やまとごころとはどういうものかと問われれば、朝日に照り映えた山桜の花であると答える。

### ◎国学の興隆と『古事記』の解読

徳川時代は漢学が非常に発達した時代である。しかし、結果としてそれは国学を発達させることにつながる。なぜならば、漢学者が朱子《しゅし》学を学んでいるうちに一つの発見をしたのである。

たとえば朱子学で唱える「名分論《めいぶんろん》」などを読むと、そこには君臣のあり方が書かれている。しかし実際にシナの歴史を見れば、易姓《えきせい》革命によって皇帝の首を繰り返しすげ替えている。また、朱子の頃の宋などは北方を蒙古《もうこ》人にとられて国の存続を脅かされている。

それに比べて、日本はどうだろうか。その源をたどれば神代にまで行き着く。国土も不変であり、皇室を尊崇《そんすう》することも一貫して変わらない。ということは、漢学が教えている一番重要な部分を実践しているのはシナではなく、むしろ日本なのではないかという実感に至るのである。ここから国学が澎湃《ほうはい》として湧き起こってくることになる。

この国学の頂点は、本居宣長《もとおりのりなが》が『古事記』を読み込んだことにある。『日本書紀』は漢文体で書かれ、その中の和歌は音読みであるから誰でも読めたが、『古事記』のほうは漢字の使い方が一定しておらず、音読みでも訓読みでも同じ読み方をしているなど、簡単に読めるものではなかった。それは宣長のような天才が何十年もかかってようやく解読したほどの難度であったわけである。学者の中には、『古事記』に写本が少ないことから、偽書であろうと唱える意見もあった。しかし、これも『古事記』が読めなかったことに由来する。読めないものを写す意味などないのである。

宣長は『古事記』を読むにあたって古代の心を自分の心とするために、古代の言葉を使って和歌を作るということを続けた。和歌の専門家は、宣長は歌がうまくないと言うが、宣長には端《はな》からうまい歌を作るつもりなどはない。『古事記』の時代の人の気持ちになるために、『古事記』にある言葉で和歌を作ろうとしたのである。そうした準備をしたうえで『古事記伝』を書いたのである。このように宣長が『古事記』を読み、『古事記伝』を書いたことによって初めて、当時の人も上代《じょうだい》に目が開かれることになったわけである。

小林秀雄が『本居宣長』という本を書いている。そこで小林秀雄が理解したのは、宣長がオカルトであったということではないかと私は思っている。そして、小林秀雄に宣長がオカルトだとわかった理由は小林秀雄自身もオカルトだったからではないかと私は考えて、かつて論文を書いたことがある。

宣長がオカルトというのはどういうことかと言えば、彼は一所懸命『古事記』を読んでいるうちに、『古事記』の世界が〝ぱーっ〟と目の前に浮かんできたと思われるからである。たとえば、崖から落ちるときに自分の一生が目に浮かんだという話があるが、これは時間的に順を追って浮かぶのではなく、〝ぱーっ〟と一度に浮かぶのである。それがオカルトの意味であって、おそらく宣長の目には神代《かみよ》の世界が何千年も〝ぱーっ〟と浮かんだのではないかと思うのである。

そして、その同じ体験が小林秀雄にもあったのではないかと私は思っている。ここで詳しく述べることはしないが、それゆえに小林秀雄には本居宣長がわかったのではないか、と。

そういうオカルト的な理解がなければ、『古事記』は読めるものではない。普通の研究者が言葉だけを調べ上げたところでわかるような代物ではないのである。宣長のように何十年間も『古事記』の言葉で和歌をつくり続けて、なおかつ特別なオカルトの才能があった人だからこそなしえた偉業であったのである。

春の曙《あけぼの》の桜の美しさに「大和心《やまとごころ》」を感じるということが江戸時代には一般的になったと思

われる。今でも花柳界などで歌われている今様《いまよう》にも次のようなものがある。

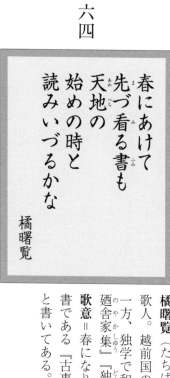

花より明くる　み吉野の　春の曙　見渡せば
唐土人《もろこしびと》も高麗人《こまびと》も　大和心になりぬべし

# 六四

春にあけて
先《ま》づ看《み》る書《ふみ》も
天地《あめつち》の
始めの時と
読みいづるかな

橘曙覧

**橘曙覧**（たちばなのあけみ　一八一二～六八）歌人。越前国の商家に生まれる。国学を学ぶ一方、独学で和歌を修める。著書に『志濃夫廼舎家集《しのぶのやかしゅう》』『独楽吟《どくらくぎん》』などがある。

**歌意**＝春になり年が明けて、まず開いてみる書である『古事記』にも「天地の初めの時」と書いてある。

## ◎江戸時代の『古事記』ブーム

本居宣長《もとおりのりなが》の『古事記伝』をきっかけとして国学が盛んになると、『日本書紀』のような正史ではないために重んじられてこなかった『古事記』が非常に重要なものになってくる。ここにあげた歌で橘曙覧《たちばなのあけみ》が「先《ま》づ看《み》る書《ふみ》も　天地《あめつち》の始めの時と　読みいづるかな」と言っている「書」とは『古事記』のことであり、「天地の始めの時」というのは『古事記』の書き出しの

「天地初発之時（あめつちはじめてひらけしとき）」を指している。曙覧は毎年の読書始めとして『古事記』を読んでいたと言われるが、これは当時の『古事記』流行の雰囲気が伝わってくる話である。

　橘曙覧は福井の裕福な紙問屋の嫡男として生まれるが、二歳で母を、十五歳で父を失うなど家庭的には不遇であった。父の死後に仏門にひかれるようになり、日蓮《にちれん》宗の住職から経典や漢学を学んだのが学問の初めであった。

　その後、京都で頼山陽《らいさんよう》門下の児玉三郎に儒学を学び、家督を弟に譲ったあとは足羽《あすわ》山に草庵をもうけて隠遁《いんとん》し、独学で和歌と国学に打ち込む。曙覧は本居宣長に私淑《ししゅく》し、和歌も宣長を祖とする『新古今和歌集』を重んじる鈴屋派の流れを汲んでいる。弘化《こうか》元年（一八四四）には、宣長門下で、飛騨《ひだ》高山在住の国学者田中大秀《たなかおおひで》に入門していることからも、彼の宣長への傾倒ぶりがうかがえる。

　その後、福井の三橋町に移り、ここを藁屋《わらや》と称して妻子とともに細々と暮らした。文久《ぶんきゅう》元年（一八六一）には念願であった伊勢参りと宣長の墓の墓参を果たす。安政《あんせい》の大獄《たいごく》（一八五八）で幽閉された藩主松平春嶽《まつだいらしゅんがく》のために『万葉集』の歌三十六首を送った。

　元治《げんじ》二年（一八六五）の春、前藩主松平春嶽が「藁屋」と称する彼の家を訪れ、出仕することをすすめるが、曙覧はこれを固辞している。しかし、慶応《けいおう》三年（一八六七）には藩主松平茂《もち》昭《あき》より扶持米《ふちまい》十俵を与えられている。そして、その翌年、大政奉還のことを喜びながら、明治改元の約一月前に五十七歳で生涯を閉じている。

正岡子規《まさおかしき》は『歌よみに与ふる書』の中で曙覧を評して、「其《そ》の歌、古今新古今の陳套《ちんとう》に堕《お》ちず、真淵《まぶち》景樹《かげき》の窠臼《かきゅう》に陥《おちい》らず、万葉を学んで万葉を脱し、瑣事《さじ》俗事《ぞくじ》を捕《とら》へ来りて、縦横に馳《ち》駆《く》する処《ところ》、却《かえっ》て高雅《こうが》蒼老《そうろう》些《いささか》の俗気を帯びず」と激賞している。

## 良寛という生き方

六五

霞《かすみ》立つ
永き春日に
子供らと
手毬《てまり》つきつつ
この日暮らしつ

良寛

**良寛**（りょうかん　一七五八～一八三一）江戸時代の曹洞宗の僧侶、歌人、書家。越後国出雲崎に生まれる。俗名山本栄蔵《やまもとえいぞう》。生涯寺を持たず、庶民に易しく仏法を説いた。

**歌意**＝霞の立つ春の長い一日に子供たちと手まりをつきながら、今日も一日過ごしてしまった。

### ◎江戸時代の仏教を代表する良寛の生き方

江戸時代は国学が栄えただけではなく、仏教にも後世に名を残す人が出てきた。その代表格が良寛《りょうかん》である。

良寛は越後《えちご》国出雲崎《いずもざき》の名主であり神職でもあった山本家の長男として生まれた。大変学問のある人で、幼少の頃から家の蔵書を片っ端から読み漁り、十歳のときに大森子陽《おおもりしよう》という儒者の塾に入って漢学を学んだ。仏教との出会いは十八歳で、曹洞《そうとう》宗の寺に入って禅を学ぶ。二十二歳のときに玉島（現・岡山県倉敷市）にある曹洞宗円通寺の国仙和尚《こくせんおしょう》に師事し、寛政《かんせい》二年（一七九〇）、三十三歳のときに和尚から印可《いんか》の偈《げ》を授かる。この頃、同じく印可の偈を授かった義提尼《ぎだいに》という尼さんの影響で、和歌を楽しむようになったらしい。

翌寛政三年、国仙和尚が入寂《にゅうじゃく》（僧が死ぬこと）すると、良寛は諸国行脚《あんぎゃ》の旅に出る。そして四十七歳の頃、越後国蒲原《かんばら》郡の国上山《くにがみ》にある国上寺《こくじょう》の五合庵に定住し、近隣の村々で托鉢《たくはつ》をしながら、ここにあげた歌にあるように子供たちと遊んだ。その後、国上山麓にある乙子《おとご》神社境内の草庵に移り、江戸や東北を行脚し、七十歳の頃、三島郡島崎村（現・長岡市）の能登屋《のとや》木村元右衛門邸内の庵室に移っている。

そこに生涯の弟子となる貞心尼《ていしんに》が訪れるのである。この四十歳も年の離れた貞心尼に、良寛はいささかの恋心を抱いていたと言われる。危篤《きとく》となった良寛のもとに駆けつけた貞心尼を見て詠んだ歌からも、その心情がうかがえる。次の歌である。

「いついつと　待ちにし人は　来たりけり　今はあひ見て　何か思はむ」（一日逢いたいと思っていた人が来てくれたので、今はもう思い残すことはない）

良寛は書もうまく、夏目漱石《なつめそうせき》が非常に好んだことで知られる。また漢詩人としての才能にも優れ、漱石もインスピレーションを受けたというほどの作品を残している。乞食《こじき》のような簡素な生活を送りながら庶民と気軽に触れ合い、あるいは子供たちと交流するという、日本の高僧の一つのあり方の典型を示した人でもあった。

## 封建君主の心得

六六

うけつぎて
国の司の
身となれば
忘れまじきは
民の父母《ちちはは》

上杉鷹山

**上杉鷹山**（うえすぎようざん　一七五一〜一八二二）陸奥国米沢藩主。諱《いみな》は治憲《はるのり》。鷹山は藩主引退後の号。借財が膨らみ領地返上寸前だった米沢藩を立て直した名君。

**歌意**＝受け継いで藩主となった私が忘れてならないのは、民を我が子と思い、父母のような心持ちで藩政をつかさどることである。

**◎江戸幕府を支えた『貞観政要』**

上杉鷹山《うえすぎようざん》は、債務超過で破産寸前の貧乏藩である米沢《よねざわ》藩を立て直した中興《ちゅうこう》の祖である。藤沢周平の『漆《うるし》の実のみのる国』にも書かれているように、鷹山は倹約を奨励し、学問を尊び、産業振興に力を注いで財政再建を図ろうとする。そのときに心に置いていたのが、この歌にあるような「自分が民の父母である」という君主としての誓いである。

これは鷹山の側近であり、また師でもあった細井平洲《ほそいへいしゅう》の「人の父母と申すものは、子どもを不憫《ふびん》に思って、我が身が飢え凍える苦しみよりは、子どもらの飢え凍えるのを悲しむというのが人情であります。従って、君が人の上に立ち、一国の民を子と思われるのであれば、君一人だけが安楽にいようなどとの心はなくなるはずのものでございます」という戒めに従ったものである。

このように封建領主が民衆のことを非常によく考えるというのは、明らかに徳川《とくがわ》幕府の影響である。北条政子《ほうじょうまさこ》の話でもふれたが、当時の大名は唐の太宗《たいそう》と側近たちの問答をまとめた『貞観政要《じょうがんせいよう》』をよく読んでいる。それは家康が熱心な『貞観政要』の読者であったこととも関係するだろう。

『貞観政要』という本は「四書五経《ししょごきょう》」のように有名なものではないし、寺子屋でも藩校などでも教えていない。この本は君主のための〝守成《しゅせい》の指南《しなん》書〟のような趣のものであり、守成を目的とした儒教の実践編のような体裁をとっているから、普通の庶民や家来にはまったく用のないものなのである。あるいは、学者が読んでも参考になるものではない。しかし、王者、為政者、国家を運営する者であれば、なんとしても読んでおかなければならない本なのである。

だから、大名は熱心に読んでいる。これは北条政子以来の伝統である。家康《いえやす》に至っては読むだけでは足りず、これを印刷させている。徳川御三家の一つ、吉宗《よしむね》の出た紀州《きしゅう》家もまた『貞観政要』を学ぶことに熱心で、「紀州版」と言われるテキストは後に一番普及することになる。

過日、私は徳川十八代の徳川恒孝《つねなり》さんにお話を伺う機会を得た。その折、徳川時代というのは不思議な時代で外国人には絶対に理解できない、というお話をなさった。なんとなれば、武士が行政権、司法権、立法権とすべての権力を握っているのに、武士はだんだん貧乏になり、民衆が豊かになっていく。そんなことはあり得ないと外国人はみんな言うと、徳川恒孝さんはおっしゃった。

そこで私が「それは『貞観政要』のお陰でしょう」と言うと、「そうです」と即座にお答えになったのには、さすがに徳川の子孫だけあってよくわかっておられると感じ入ったものである。

その『貞観政要』の中に引用されている言葉がある。「君子は舟なり、人は水なり。水は能《よ》く舟を載《の》せ、亦《また》能く舟を覆《ふく》す」という言葉である。水は舟を浮かべることもできるが、ひっくり返すこともできる。君主は舟みたいなものであり、民衆は水みたいなものであるから、民衆を大切にしなくてはいけないというのである。おそらく鷹山もこの言葉をよく知って使っていたに違いない。

上杉鷹山の歌に見られるような民を大切にする封建君主があったからこそ、江戸時代は長続きした。これは間違いないことだと思われる。

# 江戸の三大改革

六七

白河の
清きに魚も
住みかねて
もとの濁《にご》りの
田沼恋しき

大田南畝

**大田南畝**（おおたなんぽ　一七四九〜一八二三）江戸・天明期の文人・狂歌師。勘定所幕吏として勤める一方、狂歌集や洒落本《しゃれぼん》を執筆。寛政の改革以後は大田蜀山人《しょくさんじん》と名乗る。

**歌意**＝白河の水はきれいになりすぎて魚も住めやしない。もとの濁った田沼が恋しいことよ。

## ◎失敗に終わった江戸の三大改革

徳川《とくがわ》時代には改革と称するものが三回行われた。吉宗《よしむね》のときの「享保《きょうほう》の改革」、それから松平定信《まつだいらさだのぶ》の「寛政《かんせい》の改革」、そして水野忠邦《みずのただくに》の「天保《てんぽう》の改革」である。この三つの改革に共通しているのは、いずれも町人を潰《つぶ》す改革であったという点である。

先にも述べたように、徳川時代というのは不思議な性質を持つ時代で、支配階級が次第に貧しくなり、町人が豊かになる。すべての権力を持っているはずの支配階級がなぜ貧しくならなければならないのか、というわけで武士階級の不満がときどき爆発する。それが改革という名を借りた町人潰しという形となって現れたのである。

大岡忠相《おおおかただすけ》の町奉行所の改革や、庶民の声を聞く目的で設置された目安箱など、一見町人側に立ったかのように見える享保の改革にしても、一方では年貢《ねんぐ》の強化などの増税を行い、また風俗取り締まりや出版統制などを行っている。しかし、それは裏目に出て、地方では農民一揆《いっき》も増えている。

この吉宗のあとに、田沼意次《たぬまおきつぐ》の主導による「田沼時代」という好景気の時代がやってくる。このとき、江戸文化の始めは田沼文化であると言ってもいいほどに江戸は栄えたが、田沼政治は豪商と結んだ賄賂《わいろ》政治であるという批判が起こり、田沼意次は失脚してしまう。すると、次に出た松平定信が田沼路線を転換し、吉宗にならって質素倹約と綱紀粛正《こうきしゅくせい》、風紀の取り締まりといった規制強化による緊縮型政策をとる。これが景気に水をぶっかけるのである。

「白河の　清きに魚も　住みかねて　もとの濁《にご》りの　田沼恋しき」という歌は大田南畝《おおたなんぽ》の狂歌だが、松平定信が陸奥《みちのく》白河藩の殿様であることと、その改革のあまりに清廉潔白すぎることをかけて、そんな澄んだ川には魚も住みやしない、こんなことなら田沼時代のほうがよかったと皮肉っている。実際、この寛政の改革では洒落本《しゃれぼん》作者の山東京伝《さんとうきょうでん》や出版版元の蔦屋重三郎《つたやじゅうざぶろう》なども処罰を受けており、南畝もこれを見て狂歌をやめ、筆名を蜀山人《しょくさんじん》と変えている。庶民にとっては、なんとも息苦しい時代だったようである。

「世の中に　蚊《か》ほどうるさき　ものはなし　ブンブブンブと　夜も眠れず」

これも松平定信を皮肉った狂歌である。「蚊ほど」と「これほど」をかけている。定信は何かあると「文武、文武」と言っていたというわけである。

江戸の三大改革というのは四十年周期で行われるが、すべて失敗している。松平定信の寛政の改革も君主家斉《いえなり》や幕府上層部の不興を買い、定信は更迭《こうてつ》されてしまう。定信の失脚のあとに老中《ろうじゆう》筆頭となった水野忠成《ただあきら》は賄賂を容認するような人で、定信とは正反対の政策をとった。元禄時代と同様に通貨の質を引き下げたことで取引が活発に行われるようになり、文化文政の絢爛《けんらん》たる江戸文化が花開くのである。

しかし、財布のひもを緩め過ぎた反動でまたもや幕府の財政が厳しくなり、政治腐敗も進んでいく。そして忠成の死後に水野忠邦が出て、天保の改革を行うのである。これも前二回と同じように町人文化を潰すわけだが、だんだん潰し方が激しくなってわずか二年で終わり、水野忠邦は失脚してしまうことになる。

水野忠邦が亡くなって間もなく、横須賀に黒船がやってくる。これをきっかけに幕府は崩壊へと向かっていくことになるのである。

## 黒船来航

六八

泰平《たいへい》の
ねむりをさます
じょうきせん
たった四はいで
夜もねられず

狂歌

**歌意**＝泰平の世の眠りを覚ます上喜煎《じょうきせん》（蒸気船）、たった四杯飲んだだけで（四隻《せき》来ただけで）目がさえて夜も寝られない。

### ◎黒船来航で揺らいだ幕府の基盤

この狂歌の「じょうきせん」とは「蒸気船」と「上喜煎」をかけたものである。上喜煎というのは上等なお茶なので、四杯も飲むと目がさえて眠れなくなってしまう。それと同様、たった四隻《せき》の黒船が来ただけで上を下への大騒ぎになって、おちおち眠れやしないと笑っているのである。この狂歌のとおり、嘉永《かえい》五年（一八五三）にペリーが横須賀に来航すると幕府も民衆も大騒ぎになった。そして一挙に幕藩体制が崩れるところまで行き着くのである。

もしペリーがやってこなければ、徳川《とくがわ》幕府は何百年でも続いていた可能性がある。その原理は実に単純で、徳川幕府は長子相続という相続法をとっていたからである。

この長子相続を決めたのは徳川家康《いえやす》であった。家康は戦国時代という実力万能の時代に世に出た。そして主な戦闘にすべて参加して生き残り、ついに天下を取ったのである。戦国時代というのは殿様が無能であれば軍団として成り立たない。そのため長子相続には必ずしもこだわらなかったし、逆に、家督相続の邪魔になりそうな者は兄弟であっても殺してしまっていた。伊達政宗《だてまさむね》は弟を殺しているし、織田信長《おだのぶなが》も弟・信行《のぶゆき》を殺している。武田信玄《たけだしんげん》は殺しこそしなかったが父・信虎《のぶとら》を追放した。家康にしても長男の信康《のぶやす》は非常に優秀だったが、信長との関係を大切にするために切腹させている。したがって二代将軍秀忠《ひでただ》は家康の三男なのである。

家康は、そういう戦国時代の実力主義というものを骨身にしみて知っている。ところが、平和な時代になると、家康は実力主義をやめてしまうのである。二代将軍の秀忠には竹千代（後の家光《いえみつ》）と国松（後の忠長《ただなが》）の二人の息子がいた。母は浅井長政とお市《いち》の方《かた》の間に生まれた於《お》江与《えよ》。母も父も病弱な竹千代ではなく、次男の国松を可愛がった。それを見た長男の乳母《うば》の福（後の春日局《かすがのつぼね》）が危機感を抱き、伊勢詣りにかこつけて江戸を抜け出して駿府《すんぷ》の家康のところへ行き、江戸の状況を伝える。福は、次男の国松を将軍ご夫妻が可愛がるので、天下の大名も後継ぎは国松様のほうではあるまいかと見ている、という趣旨のことを述べたらしい。

家康は考え、久し振りに武蔵野で狩をしたいという口実で江戸へやってくる。そして江戸城に入ると、長男と次男とで明らかに態度を変えるのである。長男には跡継ぎの待遇をし、次男には次男に対する態度でふるまう。それを見て諸大名は「後継ぎは長男の竹千代様だ」と確信するわけである。ここで徳川家の長男相続という制度が固まったのである。

家康が決めたことは誰にも変えられない。たとえば、八代将軍吉宗《よしむね》は後継ぎ問題で非常に頭を悩ませた。長男の家重《いえしげ》は生来虚弱の上、脳性麻痺《まひ》とも言われる障害のため言語も不明瞭であった。一方、次男の宗武《むねたけ》は漢学ができ、国学でも大変な業績がある学者である。その上、馬も弓もうまく、まるで家康の生まれ変わりみたいだという評判をとっていた。しかし、悩みに悩んだ末、吉宗は家康の言に従って家重を第九代将軍に据えるのである。

もしも徳川家が長男相続のルールを破れば、日本六十四州の大名から小名、旗本・御家人《ごけにん》に至るまで、あちこちで相続争いが生じることにもなりかねない、と吉宗は考えた。それで万人が「言葉の通じない人」と評していた家重を相続人にしたのである。そうすれば家督相続をめぐる争いは起きない。それどころか、徳川幕府がある限り、お家騒動さえ起こさなければ、どんな大名でも潰《つぶ》れる心配がないと天下に知らしめることができるのである。

そういうわけで、ペリーが来なければ徳川幕府は永遠に続くはずだった。ところがペリーはやってきた。この予期しない外力の出現によって、幕府は一挙に崩れていくのである。

## ◎スペンサーの文化論どおりに進んだ幕末・明治

幕府崩壊の現象を社会学的に一番的確に説明したのはラフカディオ・ハーン（小泉八雲《こいずみやくも》）

であった。ハーンは幕末の日本に来て、最初松江に行く。明治初年の頃の松江は実に穏やかで、ハーンは古代ギリシャを見るようだと感激している。ところが、どんどん欧化が進んでいって、英語教師として行った熊本あたりでは西洋のものがどんどん入りこんできて、不愉快で仕方がなかったという。そのあと東大に呼ばれて欧化の中心である東京へやってきて、小泉八雲と名乗るようになるのである。

彼は物書きとして食べていたから、原稿を書かなければならない。松江にいた頃は神道の話などを書いていたが、そのうちに書くことが尽きてしまった。それで仏教説話のようなものをたくさん書く。そして日露戦争のときに『神国日本』という本を書いて、日本の神道的な伝統に戻っていくのである。

しかし、これは彼の表向きの顔であって、裏では自分の教え子の学生たちに「ハーバート・スペンサー（一八二〇～一九〇三／イギリスの哲学者、社会学者）を読め」と勧めている。ハーバート・スペンサーの本こそは天下第一等の哲学、これ以上の真理はないというのである。スペンサーは当時のイギリスを代表する大哲学者であり、独特の文化論を展開した。文化はずっと水平に成熟するが、外的ショックによって潰れ、そこで一つの進歩を遂げる。そして、また水平に進むとやがて外力で潰れ、さらに一歩進歩をする、というのがスペンサーの文化論であった。要するにこれは一種の社会進化論である。

ハーンは、明治維新とは成熟した江戸文化が野蛮な外力によって壊れていくプロセスであると把握したのである。彼自身は過去のことばかり書いているのだが、自分の弟子たちにはスペンサーを読みなさい、文学をやるよりも船や工場を造るほうに行きなさい、と勧めているのである。

その意味では「泰平の　ねむりをさます　じょうきせん」という狂歌は、スペンサーの社会進化論を証明する句となっている。平和なプロセスで続いてきた江戸という時代が黒船という外力の来航によって一挙に崩れる。そして、崩壊のあとに新しい明治という時代が伸びてくる。スペンサーの社会進化論に従えば、四隻の黒船さえ来なければ、平和なままの時代がなおも続いていたことになるのである。

東京裁判のとき、病気で故郷の山形県酒田市に引っ込んでいた石原莞爾《いしはらかんじ》が出張尋問を受けた。そのとき彼は、一番の犯人はペリーだと言った。ペリーが来なければ日本は何もやらなかっただろうと言って相手を黙らせた、という話がある。それが良かったのか悪かったのかは別にして、徳川幕府は半永久的に続く政権であったことは間違いない。そして、その原理は能力主義を廃止して長子相続を行った、というきわめて単純なことにあったわけである。

# 安政の大獄

六九

身はたとひ
武蔵《むさし》の野辺《のべ》に
朽《くら》ぬとも
留《とどめ》置《おか》まし
大和魂《やまとだましい》

吉田松陰

**吉田松陰**（よしだしょういん　一八三〇〜五九）長州藩士杉百合之助の次男。代々山鹿流兵学師範家の吉田賢良《かたよし》の養子となる。叔父の玉木文之進が開いた松下村塾を引き継ぎ、多くの幕末の志士を育てた。

**歌意**＝私のこの身はたとえ武蔵の国の片田舎に朽ちようとも、私の魂はこの世に留まり続けることだろう。

## ◎安政の大獄の悲劇

この歌は、安政《あんせい》の大獄《たいごく》に連座したかどで江戸伝馬《てんま》町の牢《ろう》屋敷に送られていた吉田《よしだ》松陰《しょういん》が、死ぬ間際に弟子たちに向けて書いた「留魂録《りゅうこんろく》」の冒頭にある辞世の句である。

幕末の一番の悲劇は、なんと言っても安政の大獄であった。これは安政《あんせい》五年（一八五八）から翌年にかけて、大老《たいろう》・井伊直弼《いいなおすけ》らが天皇の勅許を得ないまま独断で日米修好通商条約に調印したことに反対した尊王攘夷《そんのうじょうい》派の志士ら百人以上が弾圧された事件である。このときは第十三代将軍家定《いえさだ》が病弱で世継ぎをもうけることが難しいとの理由から、徳川家ではあり得ないはずだった将軍継嗣《けいし》問題もからみ、大名や公卿なども処罰されている。

　安政の大獄では吉田松陰を筆頭に、橋本左内《はしもとさない》や頼三樹三郎《らいみきさぶろう》など多くの立派な人たちが亡くなっている。しかし、言うまでもなく、松陰の落とした種から明治維新を成し遂げる多くの人物が出ることになる。その意味では、辞世にあるように、松陰の肉体は滅びても、その魂は長く生き続けたと言えるだろう。

　松陰は異常な教化力のある人で、短期間の小さな塾から、維新の元勲《げんくん》になるような人たちをつくったばかりでなく、牢獄の中でも、同じ牢にいた者たちをも感化したという。彼の精神を示す歌や詩は少なくないが、私が小学校で習った歌にも次のようなものがある。

かくすれば　かくなるものと　知りながら　やむにやまれぬ　大和魂
親思ふ　心にまさる　親心　今日の音づれ　何と聞くらむ

# 七〇

岩《いは》が根《ね》も
砕《くだ》けざらめや
武士《もののふ》の
国の為にと
思ひ切る大刀《たち》

有村次左衛門

**有村次左衛門**（ありむらじざえもん　一八三八～六〇）薩摩藩士・有村兼善の四男。桜田門外で井伊大老を斬首殺害した薩摩の薬丸自顕流剣士。

**歌意**＝堅い岩も砕けよと、もののふたる私は国のために大刀を振るうのだ。

## ◎もののふの気概

大きな世の中の動きの中では、時には暴力も必要になることがある。尊王攘夷《そんのうじょうい》派の志士が井伊大老《いいたいろう》を殺害した桜田門外の変も、そんな暴力の一つである。井伊大老は独断でアメリカと修好通商条約を結んだことを批判されたわけだが、それは方針としては正しかった。あのときに黒船と戦う準備は何もできていなかったのだから、開国しか選択肢はなかったのである。

それよりも井伊直弼《なおすけ》らの失敗は、安政の大獄によって多くの有為の人々を殺したことにある。開国派であった橋本左内《はしもとさない》まで殺されたと聞いたときに、天下の志士たちは井伊大老の独善に怒り、「なんとかしなければならない」という気になったのである。

もう一つの失敗は、将軍継嗣《けいし》問題と条約調印をめぐり、水戸《みと》の徳川斉昭《とくがわなりあき》が越前《えちぜん》藩主・松平《まつだいら》慶永《よしなが》、尾張《おわり》藩主・徳川慶恕《よしくみ》、一橋慶喜《ひとつばしよしのぶ》らと江戸城に無断登城して井伊直弼を詰問したとき、直弼が彼らに蟄居《ちつきょ》を命じたことである。それに水戸浪士が憤慨し、薩摩《さつま》藩士が加わって桜田門外の変が引き起こされるのである。

この歌を詠んだ有村次左衛門《ありむらじざえもん》は薩摩藩士だが、彼が井伊直弼を籠《かご》から引きずり出して首を斬ったのである。そして井伊の首を持ち去ろうとしたところ、彦根《ひこね》藩士の小河原秀之丞《おがわらひでのじょう》に斬り付けられて重傷を負い、力尽きて自害をする。

「岩《いは》が根《ね》も……」は彼の辞世であるが、国のために命を捨てる〝武士《もののふ》〟としての気概が感じられる。

そして、こういう勇ましい人の周囲には悲劇の女性がいるものである。

「雄雄しくも　君に仕うる　もののふの　母てふものは　あはれなりけり」

という歌がある。この歌の作者である有村れん（連寿尼《れんじゅに》）は、有村次左衛門の母である。ここからは「もののふの母」の痛切な哀しみが伝わってくる。これは戦争中に多くの日本の母親が実感した哀しみの原形となるような歌と言ってもいいだろう。

大きな歴史が動くとき、命を賭けてその犠牲となる者が必ずあり、その陰には泣いている女性がいるのである。

## 志士たち

# 七一

おもしろき
こともなき世に
おもしろく
すみなすものは
心なりけり

高杉晋作

**高杉晋作**（たかすぎしんさく　一八三九〜六七）長州藩士。松下村塾《しょうかそん》で吉田松陰《よしだしょういん》に学ぶ。英国公使館焼き打ちを行い、奇兵隊を組織するなど、尊王攘夷の志士として活躍。

**歌意**＝たいして面白いこともないこの世を面白くするのは、心の持ち方一つにかかっているものだ。

### ◎時代を駆け抜けた志士たち

高杉晋作《たかすぎしんさく》や坂本龍馬《さかもとりょうま》といった維新の志士にはかなり八方破れのところがある。それがゆえに彼らは維新の志士なのだと言ってもいいほどである。たとえば高杉晋作は船を買うために長州《ちょうしゅう》藩から千両を預かって長崎へ行くが、その金をすべて女郎屋で使ってしまったという逸話がある。今であれば横領の罪に問われても仕方ないが、高杉はまったく悪びれる様子がない。

また文久《ぶんきゅう》二年（一八六二）の暮れには久坂玄瑞《くさかげんずい》や井上聞多《もんた》（馨）、伊藤俊輔《しゅんすけ》（博文）らと品川の御殿山に建設中だった英国公使館の焼き打ちを行っている。あるいは師である吉田松陰《よしだしょういん》の遺骨を刑場のある小塚原から世田谷へ勝手に移して、そこで会葬を行ったりもしている。すべてにおいて堂々としており、隠れるところがまるでない。幕末という変化のエネルギーに満ちた時代を楽しむかのように駆け抜けていくのである。

そうした躍動する志士たちには、後世にまで残る心境があるものである。

ここにあげた「おもしろき……」の歌は高杉晋作の辞世である。肺結核の死の床にあって、晋作は「おもしろき　こともなき世に　おもしろく」までしか詠む気力が残っていなかったという。「面白くない世の中だったけれど、面白くなってきた」というのは彼の実感であろう。

そして、この上の句を受けて詠まれた下の句は、彼を看取った野村望東尼《のむらもとに》が続けた。「すみなすものは　心なりけり」、すべては心の持ち方一つで変わっていくものだ、と。

望東尼は幕末の志士たちを庇《かば》った歌人である。彼女は志士たちの生き方を見て、この下の句を考えたものと思われる。彼らの心情をよく汲み取っている。

# 七二

世の中の
人はなんとも
云はば云え
わがなすことは
われのみぞ知る
坂本龍馬

**坂本龍馬**（さかもとりょうま　一八三六〜六七）土佐藩士。脱藩し、薩長の斡旋《あっせん》、大政奉還の下地づくりをするなど活躍した幕末の志士。最期は京都の近江屋で暗殺された。

**歌意**＝何とでも言ってくれ、誰が知っていてくれなくても、自分が何をしようとしているのかは俺が一番知っている。

## ◎天下を舞台に生きる

坂本龍馬《さかもとりょうま》も高杉晋作《たかすぎしんさく》と同じように、幕末の世を縦横無尽に駆けめぐった志士である。とりわけ土佐藩を脱藩してからは、天下の浪人のような立場であちらこちらに顔を出している。たとえば、神戸で勝海舟《かつかいしゅう》がつくろうとしていた海軍操練所の設立に協力し、神戸海軍塾の塾頭になり、長崎では亀山社中《かめやましゃちゅう》を設立して武器や物産の貿易を行い、桂小五郎《かつらこごろう》と西郷隆盛《さいごうたかもり》の仲を取り持って薩長《さっちょう》同盟の締結に力を尽くす。

また、慶応《けいおう》三年（一八六七）には「船中八策《せんちゅうはっさく》」という大政奉還後の新国家建設案を後藤《ごとう》象《しょう》二郎《じろう》に示している。それをもとに後藤が土佐藩前藩主の山内容堂《やまうちようどう》を説いて、土佐藩主導の大政奉還が実現することになるのである。自由自在という言葉こそ龍馬にはふさわしい。

坂本龍馬の「世の中の……」という歌は見事なほど堂々としている。高杉の辞世もそうだが、天下を舞台に大暴れしてやろうという大きな志を持って動いた人たちの歌には、なんとも言えない清々《すがすが》しさが感じられるのである。

戦後は司馬《しば》遼太郎《りようたろう》の作品によって、全国的に有名になった。戦前よりも、戦後に一層有名になったのは坂本龍馬ぐらいのものだろう。

## 戊辰戦争の悲劇

七三

なよ竹の
風にまかする
身ながらも
たわまぬ節《ふし》は
ありとこそ聞け
西郷千恵子

**西郷千恵子**（さいごうちえこ　?～一八六八）
会津藩家老西郷頼母《たのも》の妻。会津戦争の折、足手まといにならないようにと自らの命を断った。
**歌意**＝弱く風に身をまかせるしかない竹のような身ではありますが、そんな私にもしっかりとした節はあるのですよ。

## ◎武士の妻の最期

西郷千恵子《さいごうちえこ》は会津《あいづ》藩家老・西郷頼母《たのも》の妻である。会津藩の最後の藩主・九代松平容保《まつだいらかたもり》は京都守護職を務め、新撰組《しんせんぐみ》とともに尊攘《そんじょう》派志士の取り締まりと京都の治安維持を担った。禁門《きんもん》の変においても、孝明《こうめい》天皇の奪取を狙った長州《ちょうしゅう》藩士から御所を守り、孝明天皇から「頼りにしている」旨をしたためられた直筆の文書をいただいた。

その言葉を胸に最後まで幕藩体制で守ろうと奮闘したが、孝明天皇が崩御《ほうぎょ》されると、明治《めいじ》天皇を奉る新政府軍によって、会津藩は朝敵にされてしまう。しかし、それでもなお庄内《しょうない》藩と同盟を組むなどして最後まで抵抗を続けたが、戊辰《ぼしん》戦争（一八六八～六九）の一つ、会津戦争において敗れ、降伏せざるを得なかった。幕末という動乱の時代の波に大きく揺さぶられた悲劇の藩と言っていいが、その存在は際立っていた。

その会津戦争で若松城が囲まれたとき、留守を預かる西郷千恵子は家老の妻として一家を采配し、「女子供は足手まといになるので、みんな自害しましょう」と自ら先頭を切って自害をした。それに続き、十六歳から二歳までの娘五人と、義母義妹二人をあわせて一族二十一人が自刃した。会津藩にはそういう家が多く、千恵子のあとに二百三十二人の婦人が続いたという。これには勤皇《きんのう》方も愕然《がくぜん》として驚いたというほど、立派な最期だった。

会津戦争といえば飯盛《いいもり》山で自刃した白虎隊《びゃっこたい》の最期が知られているが、会津婦人も負けず劣らず気丈であった。

「なよ竹の　風にまかする　身ながらも　たわまぬ節《ふし》は　ありとこそ聞け」

自分たちは男ではないけれども、それでも男たちに負けない節はあります——これは千恵子の辞世の句。なんとも凛々《りんりん》としたものである。

戦前の武装共産党の書記長だった田中清玄《きよはる》の母は、息子が皇室に叛《そむ》くようなことをしていることを恥じ、その反省を促すため自刃した。田中家も会津藩の家老の家柄である。会津藩の女性には、昭和に至るまで西郷千恵子の伝統が生きていたらしい。それによって息子・清玄は改心し、皇室のため反共活動家の大物となった。

## 七四

ふたつなき
道にこの身を
捨《すて》小《こ》船《ぶね》
波たたばとて
風吹かばとて

西郷隆盛

**西郷隆盛**（さいごうたかもり　一八二八〜七七）薩摩藩士・政治家。江戸城開城を果たすなど、維新の原動力となる。大久保《おおくぼ》利通《としみち》、木戸《きど》孝允《たかよし》と並び「維新の三傑」と呼ばれる。

**歌意**＝ふたつとないこの命を、海の道に小舟のように捨ててしまおう。たとえ波が立とうが、風が強かろうが、かまいはしない。

### ◎西郷隆盛と勝海舟

西郷隆盛《さいごうたかもり》がいなければ、あの時点で明治維新はなかったであろう。勝海舟《かつかいしゅう》と響き合うようなところがあって、江戸城は無血開城になった。西郷が城山で亡くなった後も、海舟は西郷を「高士」として尊敬していた。勝海舟の辞世、「結ぶうへに　いやはりつめし　厚氷　春のめぐみに　解けてあとなき」も西郷への思いがあったのではないだろうか。明治政府のために絶対必要だった廃藩置県の大業も、西郷の威信のおかげでスムーズに実現したと言えよう。

庄内《しょうない》藩は会津《あいづ》藩とともに幕末の幕府を支える柱であった。会津藩が京都の治安に当たっていたとき、庄内藩は江戸の治安に当たり、幕末江戸ゲリラの策源地《さくげんち》であった薩摩屋敷を焼き打ちし、戊辰《ぼしん》戦争でも最後まで官軍側と戦っている。しかし、西郷の指示で、庄内藩は復讐《ふくしゅう》的措置を受けなかった。西郷は、「自分も庄内藩士だったら、庄内藩士のごとくしたであろう」という趣旨のことを言っていたという。そのため庄内藩は挙げて西郷ファンになり、西郷のもとを訪ねては、その片言隻語《へんげんせきご》を集め、後に、『西郷南洲翁遺訓《さいごうなんしゅうおういくん》』を出版した。

私の通った小学校は、旧藩校明倫致道館《めいりんちどうかん》であり、旧藩士の先生方も多かったせいか、南洲翁の詩の素読《そどく》暗記をさせられたものである。西郷は文学的センスが抜群で、その漢詩は乃木《のぎ》将軍と並んで、近代日本漢詩の宝玉であると思う。

## 七五

我が胸の
燃ゆる思ひに
比ぶれば
煙は薄し
桜《さくら》島《じま》山《やま》

平野国臣

**平野国臣**（ひらのくにおみ　一八二八～六四）攘夷派の志士として福岡藩を脱藩し、各地の志士と交流。寺田屋事件の後、但馬国生野《たじまのくにいくの》で挙兵するが失敗。投獄され、殺害される。

**歌意**＝わが胸の内に燃えている熱い思いに比べれば、あの桜島が噴き上げている煙などどうすっぺらなものだ。

## ◎西郷隆盛を助けた男

平野国臣《ひらのくにおみ》は福岡藩の足軽の次男として生まれた。福岡と江戸を行き来する中で漢学と国学を学び、剣術の腕を磨いた。日本古来のしきたりを守る尚古《しょうこ》主義に傾倒し、烏帽子《えぼし》に直垂《ひたたれ》、総髪《そうはつ》といった異才を放つ風貌をしていたという。

安政《あんせい》五年（一八五八）六月、島津斉彬《しまづなりあきら》が兵を率いて上洛するとの知らせを受けた平野は自らも京都へ発つ。斉彬の急死で上洛は幻となったものの、平野は京都で西郷隆盛《さいごうたかもり》と知り合い、それを機に志士として活動を始めるようになる。西郷隆盛が僧の月照《げっしょう》と錦江湾《きんこうわん》で入水《じゅすい》自殺を図った話はよく知られるが、その月照を薩摩《さつま》に手引きしたのが平野国臣であり、二人とともに錦江湾に漕ぎ出し、西郷を助けたのも彼であった。

桜田門外の変で井伊直弼《いいなおすけ》が殺害されたあと、平野に対して福岡藩庁から捕縛命令が出る。薩摩藩士や水戸藩士と交流のあった平野は、事前に井伊殺害計画を知り、今後は薩摩と連携をして軍備を整えるようにという建白書を藩主に提出していたからである。捕縛から逃れて脱藩した平野は、薩摩に入ろうとするが一度は失敗。その後、久留米藩の志士・真木和泉《まきいずみ》との交際を経て、村田新八《むらたしんぱち》の手引きで薩摩に入ることに成功する。しかし、薩摩藩主島津久光《ひさみつ》や大久保一蔵《おおくぼいちぞう》（利通《としみち》）が浪人を嫌い、捕らわれた末、薩摩からの退去を余儀なくされる。

この「わが胸の……」は、そのときの平野の心境を歌ったものである。囚われている場所から、桜島が噴き上げる煙が見える。それを見ながら、熱く燃える志を受け止めてもらえなかった無念を歌にしたのである。

その後、平野国臣は、大藩が天皇を奉って討幕をするべしとする「尊攘《そんじょう》英断録」を著し、再び薩摩に入り、大久保利通にこの冊子を手渡す。同時に薩摩藩内の急進派と連絡を取り合って、薩摩藩主島津久光の上洛を促していく。文久《ぶんきゅう》二年（一八六二）に久光は上洛をするが、その目的は平野らの意に反し、公武合体の実現を目指すことにあった。久光は急進派の鎮撫《ちんぶ》を命じ、京都の寺田屋で尊皇派藩士は殺害、捕縛されてしまう。

この事件がきっかけとなり、尊王攘夷を唱える急進派は力を失っていく。平野は勢力を盛り返すべく、文久三年（一八六三）十月に但馬《たじまの》国の生野《いくの》で浪人らと挙兵を企てる。しかし、すぐに幕府方に鎮圧され、平野は京都に護送されて獄舎につながれた。その翌年七月、尊王攘夷を掲げる長州藩兵が起こした禁門の変により京都に火災が発生し、平野国臣らがいた獄舎にも火が迫った。囚人の脱走を危惧した京都所司代配下の役人は一存で囚人の処刑を決断し、平野は他の囚人とともに新撰組《しんせんぐみ》に斬首されてしまうのである。享年三十七であった。

平野はその経歴が示すように、情熱家であったと思われる。こういう人の愛国の歌は、そのまま恋歌としても秀れたものになる。愛する気持ちの対象を、国から好きな女性（男性でもよい）に置き換えれば、それが同質の心の動きであることがわかる。

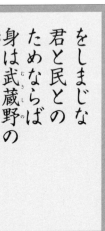

## 公武合体論と和宮

七六

をしまじな
君と民との
ためならば
身は武蔵野《むさしの》の
露《つゆ》ときゆとも

和宮

**和宮**（かずのみや　一八四六〜七七）仁孝《にんこう》天皇の第八皇女。孝明《こうめい》天皇の異母妹。和宮は幼名、諱《いみな》は親子《ちかこ》。号は静寛院宮《せいかんいんのみや》。十四代将軍徳川家茂《とくがわいえもち》の正室。武家に降下し、関東に下向《げこう》した唯一の皇女。

**歌意**＝惜しみはしますまい、君と民のためならば、私のこの身が武蔵野の露と消えたとしても。

### ◎公武合体論と尊王討幕運動の狭間で

和宮《かずのみや》は先にあげた東福門院和子《とうふくもんいんまさこ》とは反対に、皇室から幕府へ嫁いだ人である。幕末の頃、公家の権威に武家（幕府）を結びつけて権力基盤の強化をはかろうとする公武合体論を模索する動きがあった。公武合体論というのは、当時の説としては一番穏健かつ真っ当な論であった。というのも、実際の政治は将軍大名がやっているわけで、幕府には統治の経験もある。逆に公家には権威があるが、統治の経験がまったくないから、公家だけで政治を執り行うことはナンセンスである。そこで、朝廷の伝統的な権威と幕府の統治能力を一つにして新たな統治スタイルを構築しようという考えが起こってきたのである。

一方で、水戸学の「国体論」や頼山陽《らいさんよう》の『日本外史』などの影響で国体思想が盛り上がり、黒船来航のあとは、幕府ではなく公家が統治を行うのが正統なのではないかという説が強くなって抑えきれなくなる。それが尊王討幕運動へとつながっていくことになるのである。

しかし、当初は薩摩《さつま》の島津斉彬《しまづなりあきら》が公武合体を唱え、その命令を受けた西郷隆盛《さいごうたかもり》も、岩倉具視《いわくらともみ》も公武合体論者だった。孝明《こうめい》天皇の妹の和宮を家茂《いえもち》に嫁下《こうか》させるという案も、公武合体論を円滑に進めるために朝廷と幕府の間で決まったことだったのである。和宮は有栖川宮熾仁親王《ありすがわのみやたるひと》と婚約が成立していたが、当時の政治はそれを取りやめて、将軍家茂の嫁にしようというのである。

「をしまじな　君と民との　ためならば　身は武蔵野《むさしの》の　露《つゆ》ときゆとも」

これは和宮の実感であろう。実際、和宮は慣れぬ武家の生活に馴染むために苦労をし、努力もしたようである。同じ年齢の将軍家茂は、誠実に和宮を愛し、夫婦仲は睦まじかった。その点、形の上では公武融和の犠牲になったのであるが、女性としては幸せだったと思われる。しかし、慶応《けいおう》二年（一八六七）七月に家茂が亡くなり、同年十二月に異母兄である孝明天皇が崩御《ほうぎょ》すると、公武合体論は力を失っていく。しかし、家茂の死後も江戸に留まり、王政復古に当たっては、将軍慶喜《よしのぶ》の家名存続や江戸城明け渡しに力を尽くした。

幕府が倒れたあと、和宮は父仁孝《にんこう》天皇の御忌のため一時京都に戻るが、その後、東京に移住し、皇族や徳川家との交流を続けるが、脚気《かっけ》を患い箱根塔ノ沢で療養中の明治十年九月二日に、三十二歳の短い生涯を閉じるのである。和歌や書にもすぐれ、清らかな節操は婦人の鑑《かがみ》として世人の尊敬を受けた。

## 徳川最後の将軍の功績

### 七七

この世をば
しばしの夢と
聞きたれど
おもへば長き
月日なりけり

徳川慶喜

**徳川慶喜**（とくがわよしのぶ　一八三七〜一九一三）徳川第十五代将軍。大政奉還後の公武合体を目指すがかなわず、朝廷の追討令で謹慎。明治に入ると許されて公爵となった。

**歌意**＝この世の中というのは短い夢のようなものだと聞いていたけれど、思えばずいぶん長い年月を生きたものだ。

### ◎江戸から明治への軟着陸を実現させた功労者

最後の将軍・徳川慶喜《とくがわよしのぶ》の辞世である。この歌にも秀吉《ひでよし》や家康《いえやす》と同じように「夢」が出ている。慶喜は明治の世をまるまる生き、大正二年に亡くなっている。それを思えば「おもへば長

き　月日なりけり」は実感だろう。

慶喜は明治天皇に大政奉還したあと、公武合体によって引き続き政権運営をすることを目指していたが、王政復古の大号令が出され、慶応《けいおう》三年十二月九日の小御所《こごしょ》会議の結果、幕府の領地の返還を求められた。その後も交渉を続けたが、鳥羽《とば》・伏見《ふしみ》の戦いが勃発し、慶喜は朝敵とされ、追討令が下った。慶喜は小栗忠順《おぐりただまさ》ら抗戦を主張する勢力を抑え、あくまでも朝廷への恭順を唱え、勝海舟《かつかいしゅう》に事態収拾を任せ、また家督を田安亀之助《たやすかめのすけ》（後の徳川家達《いえさと》）に譲り、自らすすんで上野寛永寺において謹慎に入った。

勝海舟と西郷隆盛《さいごうたかもり》の会談で江戸城の無血開城が決まると、水戸へ移り、さらには駿府《すんぷ》に移って明治を迎える。戊辰《ぼしん》戦争のあとに謹慎を解かれ、以後は政治に関与することなく、趣味の世界に生きるのである。明治三十一年（一八九八）になると皇居に参内して明治天皇に拝謁し、明治三十五年（一九〇二）には公爵に叙せられ、宗家とは別に徳川公爵家を興す。

この慶喜の一番の功績といえば、朝廷と将軍家の本格的な内乱を未然に防ぐ行為を行い、一方、徳川家を潰さなかったということだろう。これは一種の和を貴ぶ聖徳《しょうとく》太子以来の日本の知恵だったと思う。その結果、徳川家の子孫が後に貴族院議長になり、また大正《たいしょう》天皇の妃・貞明《ていめい》皇后は、秩父宮《ちちぶのみや》や高松宮《たかまつのみや》といった息子に朝敵であった大名の娘を迎えている。秩父宮に嫁いだ勢津子さんは旧会津藩主・松平容保《まつだいらかたもり》の四男の長女であり、高松宮に嫁いだ喜久子さんは徳川慶喜の七男慶久の次女である。こういう形で、明治以降も公武合体を図ろうとしてお られるわけである。その意味では、日本に無駄な革命の血を流さなくて済んだという一つの象徴が徳川慶喜であったと思う。

維新の志士にしても、徳川家には恩がある。もしも徳川慶喜が恭順の意を示さずに箱根の山あたりで戦うと決めて、幕府の軍艦を大阪にまわして艦砲射撃をすれば、官軍は全滅していたはずだ。実際に小栗上野介《おぐりこうずけのすけ》はそれを考えていたのである。

ところが徳川慶喜は水戸徳川家の教えに従って、「揉《も》め事があったときは朝廷につけ」ということで、余力があったにもかかわらず江戸城を明け渡して謹慎生活に入った。その偉さが明治維新の元勲《げんくん》たちにはわかったがゆえに、徳川家を潰《つぶ》さず、立てたのである。

考えれば考えるほど、あのとき徳川家と全面戦争になっていたら日本は大変なことになっていただろうと思わないわけにはいかない。たとえばフランスは北海道をくれればいくらでも援助するという提案を幕府側にしていたようである。また、維新の側にはイギリスが助けを申し出ていたから、外国勢力を背景にした大戦争が起こっていた可能性が高い。

しかし、幕府はフランスの申し出を断り、官軍もイギリスの申し出を断った。だから日本人同士の戦いとなり、しかも十分な戦力を保持していた幕府方が戦わずに降参してくれたお陰で、最小限の犠牲で明治維新を迎えることができたのである。これは慶喜のお陰と言っていい。だからこそ慶喜の養子が貴族院議長になってもいいだろうというのが、維新の元勲たちの考え方だったと思う。私もその判断は正しかったと思うのである。

慶喜に仕えたことのある渋沢栄一は、この最後の徳川将軍の功績を顕彰するため大いに力を尽くし、『徳川慶喜公伝』全八巻を出したのは、当時の風潮から考えてみると実に立派な仕事であった。

# 第四章　和歌で見る近現代

# 明治天皇

## 七八

よもの海
みなはらからと
思ふ世に
など波風の
たちさわぐらむ

明治天皇

**明治天皇**（めいじてんのう　一八五二〜一九一二）孝明《こうめい》天皇の第二皇子。父の突然の崩御《ほうぎょ》により、慶応三年満十四歳で践祚《せんそ》。明治元年に五箇条の御誓文を発布、新政府の方針を発表。

**歌意**＝四方の海はみな同朋だと思うこの世であるのに、どうして波風が立ち、騒ぎが起こるのであろうか。

### ◎大帝王の詠んだ歌

この「よもの海……」の歌は、昭和十六年に日本がアメリカと戦争を開始する直前の九月六日の御前《ごぜん》会議のときに、昭和《しょうわ》天皇が引用したことで知られる。天皇陛下《へいか》は「君臨すれども統治せず」で、開戦に関して自らのご意見を述べるわけにはいかない。そこで会議の最後に、日露開戦を憂えて詠まれた明治《めいじ》天皇の歌を引いて、ご自分の意思を示したと言われている。しかし、当時はアメリカが日本と戦争をするつもりで次から次に手を打ってきているという状況であり、昭和天皇の思いとは裏腹に、戦争は不可避であった。

明治天皇は万を数える和歌を作ったと言われる方で、歌人としても秀れた歌をたくさん残されている。戦争と関係のない歌としては、私の子供の頃に「キング」で読んだ次の歌が記憶に残っている。

「たかどのの　窓てふ窓を　あけさせて　四方《よも》の桜の　さかりをぞみる」（宮殿の高いところから、窓という窓全部を開け放たせ、あちらでもこちらでも今を盛りと咲き満ちている桜の花をながめました）

この歌は歌人の佐佐木信綱《ささきのぶつな》が「いかにも大帝王らしい歌」としてあげていたと記憶している。確かに普通の人は絶対に作れない、実にスケールの大きな歌である。

明治天皇は、「復古」と「近代化」という相反する動きを見事に両立させた奇跡的リーダーであられた。古い儀式を復活させ、それを厳粛に執り行うとともに、公式の場では西洋式の軍服、公式のディナーでは西洋食を採用されることによって、保守的な人間にも近代化の必要をお示しになった。その近代化への反動が少なかったのは、「復古」の祭祀を厳格になされたからである。

日本の成功を見て、近代化を試みたイランのパーレビ国王が、保守派のホメイニらによって国を追われたのを見ても、非白人国の近代化がいかに難しいものであったかがわかる。今の時点において、本当に近代的国家のレベルになった有色人種の国は、日本の他には韓国と台湾ぐらいである。中国は共産主義国家という一党独裁を通じて近代化しようとしている。タイやインドもまだまだ近代的な水準に達するのに苦労している。日本は明治天皇の下で、日露戦争という白人の大国との戦争に勝ち、人種的偏見を崩壊させる突破口をつくった。これが有色人種の独立運動の原動力となったのである。

## 日露戦争

### 七九

うつし世を
神さりましし
大君の
みあとしたひて
我はゆくなり

乃木希典

**乃木希典**（のぎまれすけ　一八四九〜一九一二）旅順《りょじゅん》攻防戦の指揮を執った日露戦争の第三軍の司令官。陸軍大将。第十代学習院院長。明治天皇の崩御《ほうぎょ》を受け、夫人とともに殉死。

**歌意**＝崩御されて天上にのぼり給える大君の御跡をおしたいして、私も行かせていただきます。

### ◎乃木大将が神と讃えられる理由

明治三十七年（一九〇四）の二月から翌年の九月にかけて勃発した日露戦争は、五百年に一度起きるかどうかという世界史に残る大きな戦いであった。この戦いに日本が勝利したことで、コロンブス以来、数百年にわたって続いた白人の一人勝ちに終止符が打たれたのである。その大戦争を指揮した代表的人物が陸の乃木希典《のぎまれすけ》、海の東郷平八郎《とうごうへいはちろう》である。

乃木大将は誰からも尊敬されている人だった。それには明白な理由がある。日露戦争ではたくさんの兵隊が死んでいるが、出兵した兵士には普通の兵隊であってもかなりの額の恩給がついた。それについて、私には子供の頃にこんな思い出がある。

私の祖母の生まれた村に老婆がいて、その息子が自転車屋をやっていたが、これが怠け者で家がどんどん貧乏になった。するとこの老婆が出てきて息子を叱咤《しった》激励していた。子供心にも「なんであんな婆さんが大人の息子に対して威張ることができるのだろうか」と不思議に思っていた。

後に、その人のご主人が日露戦争のときの兵隊で、斥候《せっこう》（敵情視察）に出て手柄を立てて勲章をもらっていたことを知った。勲章をもらえば、そこに必ず恩給がついてくる。男尊女卑の時代だったが、そういう金は主人が死んだら未亡人が引き継ぐことができたのである。当時の農家は食うには困らなかったが、現金収入が少なかったから金を持っている人は強かった。それが老婆をして息子を怒鳴りつける原動力となっていたというわけである。

もう一つ、こんなこともあった。私の家の近所に貸家業をしているお菓子屋さんがいた。その人は片足がない。日露戦争でなくしたという話だった。その人も恩給をもらっており、それを元に何軒かの貸家を買って貸していたようだった。一番下っ端の兵隊でも、それだけの恩給がもらえたという一例である。

いわんや乃木大将の位は陸軍大将・従二位・勲一等・功一級・伯爵である。恩給の額も半端ではない。それなのに、子供は二人とも旅順《りよじゅん》で戦死させている。そして誰にも家を継がせずに、明治天皇が崩御《ほうぎょ》されると、静子夫人とともに殉死した。単に死んだだけではない。大変な額の恩給がついていて、いくらでも贅沢ができるのに、すべて投げ捨てて逝ったのである。

「一将功成りて万骨枯る」という言葉がある。一人の大将が偉くなる陰には、戦場に屍《しかばね》を晒《さら》した万人の兵隊の犠牲がある、という意味の言葉である。ところが、その「一将」たる乃木大将が天皇を追って自殺をした。これが人々に大きな感銘を与えた。その結果、乃木神社ができて、乃木大将は神様のように崇《あが》められることになるのである。

## 八〇

日の本の
海にとどろく
かちときは
御《み》稜《い》威《つ》かしこむ
声とこそしれ
東郷平八郎

**東郷平八郎**（とうごうへいはちろう　一八四八～一九三四）海軍大将。旅順《りよじゅん》とウラジオストックにいたロシアの太平洋艦隊を撃滅した上、さらに日本海海戦ではロシア・バルチック艦隊を文字どおり全滅させた。海軍大将・元帥《げんすい》・従一位・大勲位・功一級・侯爵。

**歌意**＝日本海にとどろく勝ちどきの声は、天皇陛下《へいか》の御威光のお陰とかしこまって、我は行くのである。

### ◎東郷平八郎の成し遂げた偉業

東郷平八郎《とうごうへいはちろう》は世界の軍事史でも燦《さん》として輝く日本海海戦に勝利して功成り名を遂げた。東郷元帥《げんすい》は、ナポレオン戦争のときのトラファルガーの海戦でフランス・スペイン連合軍を打ち破ったイギリスの海軍提督ネルソンと比較されて、「東洋のネルソン」と呼ばれたりもする。確かにネルソンに相当する軍人であることは間違いない。そしてネルソンよりも立派な勝ち方をしていることも確かである。ネルソンは戦死し、イギリス艦隊の損害も大きかったが、東郷大将は日本海海戦でも無傷だったし、日本海軍も軍艦は一隻も失っていない。小さい水雷艇三隻が波にひっくり返されて沈没しただけであった。

海の戦いは文明の戦いである。陸の戦いでは、たとえば桶狭間《おけはざま》の戦いなどのように、小さな軍隊でも大軍に勝つ場合がある。それは文明とはあまり関係ない。戦術の問題である。ところが海軍の戦いは、常に文明と関係しているのである。

たとえば古代ギリシャの時代にギリシャとペルシャが激突したサラミスの海戦ではギリシャ海軍が圧勝し、大国ペルシャのヨーロッパ進出を押しとどめた。また長い間、地中海を支配していたイスラムの権力が消えたのは、レパントの海戦によってトルコ海軍が全滅したことによる。それ以来、地中海全体がキリスト教圏になったのである。

このように、海戦はそのまま文明という大きなパラダイムの変化にかかわっている。だから世界は、日本が大陸で勝っている間は「日本もなかなかやるな」という程度にしか思っていなかったが、日本海海戦でロシアに勝ったという情報が伝わると大騒ぎになったのである。アメリカの第二十六代大統領セオドア・ルーズベルトも愕然《がくぜん》としたといい、世界中が、最初は日本が勝ったことを信じなかったほどである。

ところが実際に、ロシアの戦艦八隻がすべて沈められるか拿捕《だほ》されるかし、巡洋艦も逃げおおせたのは一、二隻だけだった。それに対して、日本軍の軍艦は一隻も沈んでいないのである。この結果を知ったとき、アメリカの最高首脳陣は日本と戦う日があるだろうと腹を固め、そのときに備えて太平洋艦隊を組織し始めるのである。

ネルソンはフランスに勝ったことで、植民地帝国としてのイギリス大帝国の基礎をつくった。それからローマ教皇ピウス五世は、ヨーロッパ連合軍を組織してレパントの海戦に勝利し、オスマントルコから制海権を奪った。そして東郷平八郎は、当時の太平洋から西洋の艦隊を一掃した。こういう有色人種の白色人種への勝ち方は、前にも述べたようにコロンブス以来、一度としてなかったことである。キリスト教国が海戦で非キリスト教国に負けたのも、日本海海戦が初めてだったのである。東郷がイギリスのネルソンにたとえられたというのは、それがどれほどの偉業であったかを如実に表している。

## 八一

道すがら
仇《あだ》の屍《むくろ》に
野の花を
一《ひと》もと折りて
手向《たむ》けつるかな

中村覚

**中村覚**（なかむらさとる　一八五四〜一九二五）陸軍軍人。関東都督、侍従武官長などを歴任。旅順《りよじゆん》戦の折に白襷《しろたすき》隊を編成。陸軍大将・勲一等・功二級・男爵。

**歌意**＝歩いていると敵兵の亡骸が道端にあった。その亡骸に野の花を一輪折って、手向けることにしよう。

**◎戦場で発揮された武士道精神**

中村覚《なかむらさとる》は乃木《のぎ》大将の下、旅順《りよじゆん》攻防戦の折、いわゆる白襷《しろたすき》隊という決死隊を組織して夜間の奇襲攻撃を指揮した軍人である。白襷隊を編成するにあたって、中村は「大勢の兵士が死んでいる。そろそろ上の者が死なないと申し訳が立たない」と言ったという話が残っている。また、攻撃の前には「わしが倒れたら、指揮は渡辺大佐に代われ。渡辺が倒れたら大久保中佐が指揮を執れ。各部隊とも順次代わる者を決めておけ。ゆえなく後方に留まったり、隊伍《たいご》を離れる者があれば斬れ」という激しい告示を行った。しかし、奇襲は失敗し白襷隊は全滅、中村も負傷して内地に送り還されることになった。

この歌は、その旅順に行く途中で詠んだもの。戦場への道すがら、ロシアの兵隊がゴロゴロ死んでいるのを見て、「敵兵ではあるが」と言って野の花を捧げた、という場面を詠んでいる。命を顧みない激しさと同時に優しさを持った日本の武士道を代表するような人物である。

ちなみに、この頃「婦人従軍歌」という歌があった。従軍看護婦の歌である。

火筒《ほづつ》の響き遠ざかる　跡には虫も声たてず
吹きたつ風は生臭く　紅《くれない》染めし草の色

真白に細き手をのべて　流るる血しお洗い去り
巻くや包帯白妙《しろたへ》の　衣の袖は朱《あけ》に染み

味方の兵の上のみか　言も通わぬ仇《あだ》迄も
いと懇《ねんご》ろに看護する　心の色は赤十字

国家対国家の戦いにおいては、男ばかりが戦っていたわけではない、ということである。そして日本は、敵兵にも看護の手を伸ばし、捕虜をも大切に扱った。戦場では「マツヤマ、マツヤマ」と言って投降してくるロシア兵もいたという。松山の捕虜収容所の待遇がよいことが、ロシア軍にも知られていたのである。日露戦争においては、陸でも海でも、武士道精神が見られた。

## 八二

水軍の
大尉となりて
わが四郎
み軍《いくさ》にゆく
たけく戦へ

与謝野晶子

**与謝野晶子**（よさのあきこ　一八七八〜一九四二）明治から昭和期の浪漫《ろまん》派歌人、作家。大阪堺の和菓子屋の三女。処女歌集『みだれ髪』が注目される。夫は与謝野鉄幹《てつかん》。

**歌意**＝海軍の大尉となってお国のために出征するわが四男よ、勇気を持って戦ってきておくれ。

## ◎戦場の家族を思う女の歌

与謝野晶子《よさのあきこ》と言えば、戦後、「君死にたまふことなかれ」ばかりを教えられたため反戦歌人という印象が強いが、これには非常な誤解がある。

「君死にたまふことなかれ」は明治三十七年（一九〇四）に『明星』に発表されたもので、日露戦争の旅順《りよじゆん》攻囲戦に従軍していた弟を心配して歌った詩である。その三連目に「すめらみこは戦ひに　おほみずからは出でませね」（天皇陛下《へいか》は戦争に自らお出にならない）とあることから「国よりも家が大事なのか」と批判されるのだが、これは反戦と言うよりも、むしろ銃後にいる女人の哀しみの歌と言うほうがふさわしい。

そして非常に重要なことは、戦争の最中に「君死にたまふことなかれ」という詩をつくっても、政府がまったく干渉しなかったという点である。それは、これが町人の女の歌だという認識があったからである。当時の政府は武士上がりの人で占められ、言うなれば武家政権と同じようなものだった。武家というのは戦争を使命と思うような伝統の中で育っているから、大阪の町人の娘が「君、死にたもうことなかれ」と歌ったからといって、いちいち神経をとがらせたりはしなかった。そういうことに文句をつけるようになるのは、武士の伝統がなくなって以降の話である。

与謝野晶子は別に反戦主義者でもなければ反愛国主義者でもない。それはここにあげた「水軍の……」の歌を見れば明白である。

これは自分の四男が海軍の大尉として出征する際に詠んだものであるが、先にあげた有村次《ありむらじ》左衛門《ざえもん》の母と同じ心情が詠まれている。「君死にたまふことなかれ」でしか与謝野晶子を知らない人たちには是非とも知ってもらいたい歌である。

## 大正デモクラシー

### 八三

語り合ひ
盡《つく》しし人は
先だちぬ
今より後の
世をいかにせむ

山県有朋

**山県有朋**（やまがたありとも　一八三八～一九二二）第三代・第九代の内閣総理大臣。元老。陸軍大臣。

**歌意**＝共《とも》に語り合い、語り尽くした友は先に逝ってしまった。これから後の世の中をどのようにしていけばいいだろうか。

### ◎盟友の死を悼む

この歌は明治四十二年（一九〇九）十月、伊藤博文《いとうひろぶみ》がハルビン駅で韓国人安重根《あんじゅうこん》によって暗殺されたという知らせを聞いたときの山県有朋《やまがたありとも》の慨嘆を詠んだものである。伊藤と山県は維新運動をともにした同郷の盟友であった。

山県は足軽の身分で吉田松陰《よしだしょういん》の松下村塾《しょうかそんじゅく》で学び、また高杉晋作《たかすぎしんさく》の奇兵隊に参加して、やがてその指揮を執るようになる。戊辰《ぼしん》戦争では北陸道鎮撫総督《ちんぶそうとく》・会津征討総督の参謀として活躍している。維新後の明治二年（一八六九）にヨーロッパへ渡り、各国の軍事制度を視察し、翌年帰国すると、さっそく軍制改革に取りかかり、徴兵制の導入を図った。明治六年（一八七三）には陸軍卿になり、参謀本部を設置し、明治天皇が下賜した軍人勅諭《ちょくゆ》の制定にもかかわっている。一貫して陸軍の基礎づくりに力を入れてきたことから陸軍には絶対的な影響力を持ち、山県が長州藩の出身であるために陸軍は長い間、長州藩出身者が主流をなした。桂太郎《かつらたろう》や寺内正毅《てらうちまさたけ》や田中義一《たなかぎいち》といった総理大臣経験者も山県直系の人たちである。

山県の発言力は伊藤博文の死後ますます大きくなるが、大正デモクラシーの流れの中、政党政治を無視する山県の行動は国民の反発を招き、大正十年（一九二一）に起こった宮中某重大事件（皇太子裕仁《ひろひと》親王の妃に内定していた良子《ながこ》女王の家系に色盲の遺伝があるとして山県らが婚約辞退を迫った事件）によって政治的生命にとどめを刺された。

政治的にはそういう歩みをたどった山県有朋だが、和歌の腕前はなかなかのもので、戦前の改造社が発行した『現代日本文学全集』の第三十七巻には彼の和歌が収められている。面白いことに、伊藤博文のほうは同じ全集に漢詩が収められている。

かつて亀井勝一郎《かめいかついちろう》氏が伊藤博文について「無学文盲の足軽が天下をとったから近代日本は悪

くなった」という趣旨の文章を『文藝春秋』に書いたことがあった。私はそのときまだ若造だったが、文学全集に収められている漢詩集を出している人を無学文盲と言ってはいけないのではないかと反論を書いた。それで評論家の福《ふく》田《だ》恒存《つねあり》さんに褒められたことがあるが、足軽出身の政治家だから文学の才がないと決めつけるのは、まったく意味のないことである。

## 八四

正《まさ》成《しげ》が
敵に臨《のぞ》める
心もて
我れは立つなり
演壇の上

尾崎行雄

**尾崎行雄**（おざきゆきお　一八五八～一九五四）政治家。号は咢堂《がくどう》。第一回総選挙に当選し、以後連続二十五回当選。九十五歳まで衆議院議員を務めた「憲政の神様」。

**歌意**＝楠《くすの》木《き》正成が戦場で敵に臨んだ覚悟と同じ心を持って、私は議会の演壇の上に立つのである。

### ◎戦前から根づいていた日本のデモクラシー

明治二十二年（一八八九）、大日本帝国憲法の公布が行われた。そして翌年の十一月二十九日には第一回帝国議会が開かれた。ここから日本のデモクラシーの歴史が始まるのである。以来、明治から大正にかけて、日本の議会は順調に成長していった。

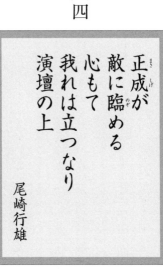

それを象徴するのが、大正二年（一九一三）に起こった第三次桂《かつら》太郎《たろう》内閣の軍備拡張路線に反対する第一次憲法擁護運動である。桂太郎という人は日露戦争に勝ったときの総理大臣であり、明治天皇の信頼も厚く、大変な権威があった。ところが、この第三次内閣を組織するについては、その裏で元老の山県有朋《やまがたありとも》が糸を引いて軍備拡張を推し進めようとしているのではないかという疑念が国民の間に広がり、明治の薩長を中心とする藩閥政治への反発が高まった。

そこで立憲政友会の尾崎行雄《おざきゆきお》や立憲国民党の犬養毅《いぬかいつよし》らが憲政擁護会を組織し、桂内閣への不信任案を提出しようとするのである。それに対して桂は、自らへの不信任案が可決されるのを防ぐため、五日間の議会停止を命じ、詔勅《しょうちょく》を盾に尾崎行雄らに不信任案を撤回するように圧力をかけた。そのやり方が憲法の精神に反するというので、大々的な国民運動が巻き起こり、結局、桂内閣は総辞職をすることになった。

この不信任案を提出するとき、その理由説明のために尾崎行雄が国会で行った演説がある。

「彼等は常に口を開けば、直ちに忠愛を唱へ、恰《あたか》も忠君愛国は自分の一手専売の如《ごと》く唱へてありまするが、其為《そのな》すところを見れば、常に玉座の蔭に隠れて政敵を狙撃するが如き挙動を執《と》って居るのである。彼等は玉座を以《もっ》て胸壁となし、詔勅を以て弾丸に代へて政敵を倒さんとするものではないか」（『大日本憲政史』より）

この堂々たる演説が桂内閣を倒したと言ってもいい。

戦後、マッカーサーが日本に来たとき、日本は軍国主義の野蛮な国であったが占領軍が来て民主主義が始まったというような宣伝を行ったが、それがまったくの嘘であることを我々の世代はよく知っている。戦争中は戦時経済体制であったから、国民はみんな我慢をしていただけである。私が子供の頃に読んだ『少年倶楽部《クラブ》』や『幼年倶楽部』は自由主義そのものであった。それが戦争になったから戦時色一色になったというだけで、これは日本に限った話ではない。

ところがアメリカは、「日本は軍国主義の暗黒時代がずっと続いていたが、そこにマッカーサーが行って文明を与えるとたちまち経済的にも発展した」というような占領プロパガンダによってつくり上げられた神話を今もって信じているのである。

それは現在のイラクの統治を見ればよくわかる。アメリカは本気でフセインを倒せばイラクは民主主義国になると信じていたのである。日本がそうなったのだから、同じことをすれば成功すると安易に考えていたのである。しかし、当たり前の話だが、イラクと日本では国の成り立ちからして違う。そして日本には、日露戦争に勝った総理大臣の内閣を言論で潰《つぶ》したというデモクラシーの歴史があったのである。それを認めずして、アメリカが日本の占領政策と同じようなやり方をイラクでいくらやったとしても絶対にうまくいくはずはない。これは明らかなことである。

尾崎行雄は桂内閣を倒した英雄の一人である。彼が「憲政の父」と呼ばれるのも、そこに理由があるだろう。

「正成《まさしげ》が　敵に臨《のぞ》める　心もて　我れは立つなり　演壇の上」
楠木《くすのき》正成を引き合いに出して詠んだこの歌も、なんとも勇ましい。

## 美しい日本を求めて

### 八五

すみよしの
つつみのまつよ
こころあらは
うきよのちりを
よそにへだてよ
谷崎潤一郎

**谷崎潤一郎**（たにざきじゅんいちろう　一八八六～一九六五）小説家。モダニズム文学の影響を受け、耽美《たんび》主義と言われる独自の作風を確立。代表作に『刺青』『細雪《ささめゆき》』など。

**歌意**＝住吉の堤に生えている松の木よ、心あるならば、うつろう世のあれこれをこちらの世界に入れないように守ってもらいたいものだ。

**◎美しい日本を描き続けた大作家**

明治末から昭和にかけての長きにわたって第一線で活躍した作家の谷崎潤一郎《たにざきじゅんいちろう》は、一高から東大へと進む大変な秀才である。かつ、大変な西洋かぶれでもあり、最初の頃の小説では当時流行の変態心理を扱ったものを書いたりしていた。そのままで行けば、間もなく彼は小説の種が尽きたと思うが、関東大震災をきっかけに関西に移住してから作風を変えていく。

その後、若い頃に自分の小説で書いたような近代的な若い女性と別れ、関西の伝統的な金持ちの〝いとはん〟と懇《ねんご》ろになる。昔ながらの関西の雰囲気を持った家というのは当時の東京が持ち込んだ西洋かぶれの文明が忍び寄れなかった場所であったらしい。谷崎もその雰囲気が乱されるのを憎み、東京からの客を拒絶することが多かったという。

この「すみよしの……」という歌にある「すみよし」とは大阪の「住吉」である。「住み心地のよい」という意味も重ねている。そこには近代文明を拒絶する昔ながらの大阪があった。谷崎は、東京とか西洋の影響のないような自分の生活を守ってください、という心境をこの歌に託しているのである。

関西に移住した谷崎は『源氏物語』の現代語訳を始め、昭和十四年（一九三九）に『潤一郎訳源氏物語』、いわゆる「谷崎源氏」を出し、西洋文明が入る前の王朝時代の古き良き日本を描き出す。そして、いよいよ天下の風雲は急になり、昭和十二年、支那《シナ》事変が始まる頃に『細雪《ささめゆき》』を書き出すのである。

『細雪』は大阪船場《せんば》の上流の四人姉妹の暮らしぶりを描いたものだが、文学としての評価はもちろん、私は戦争中にこういう小説を書く作家がいたことをありがたく思う。軍国主義の時代にあって、関西のいいとこのお嬢さんたちの「来年の京都の花見にはどの着物を着て行こうかしら」というような会話が活き活きと描かれているところを見てもらいたい。

谷崎が再婚した松子夫人は関西の女性だが、戦争中の疎開先で敗戦を知ると、はらはらと涙をこぼしたという。谷崎潤一郎のことを愛国者だという人はいないと思うが、夫人ともども素朴な日本文化を愛し、それが壊されることに涙したのである。谷崎には『陰翳礼讃《いんえいらいさん》』という素晴らしい随筆もあるが、松子夫人も同じ感性の持ち主であったようだ。

谷崎は戦後の焼け跡の時代にも、慌ただしい世間など関係ないというように『少将滋幹《しょうしょうしげもと》の母』で平安朝の美しい風景を描く。変わりゆく世の中に流されずに本当の日本の良さを見つめていく、そこに谷崎の偉大さがあったと思うのである。

谷崎が小説家として偉大であることは、誰でも知っていることであるが、彼は和歌にも秀れていた。それは現代短歌という感じのものでなく、折に触れ、また機会があれば作ったので、どちらかと言えば平安朝の人の作り方に近かったと思う。時事に触れたものも少なくない。そこに見られるのは、反戦でも好戦でもなかった普通の日本人の感懐である。

　南京陥落の日
南京の　城おちゐると　聞きながら　宇治十帖を　ひもときてありぬ
　昭和十三年元旦
みいくさは　南に北に　勝つといふ　つちのえ寅の　春を迎ふる
　永見ぬし初孫捷彦君の初節句に

おほいなる　時に生まれて　菖蒲太刀《しょうぶたち》　ただに佩《は》かんや　日本男児は

また『細雪』の末尾に「けふもまた　衣《ころも》えらびに　日は暮れぬ　嫁ぎゆく身の　そぞろ悲しき」という幸子の歌を出している。このような秀歌を詠じる現代歌人は何人ありや。

## 二・二六事件

### 八六

国民よ
国をおもひて
狂となり
痴《ち》となるほどに
国を愛せよ

磯部浅一

**磯部浅一**（いそべあさいち　一九〇五～三七）
昭和初期の軍人。陸軍中尉のとき、不穏なパンフレットを配布して免官。北一輝《きたいっき》と交流し、皇道派青年将校グループの先駆となる。二・二六事件の計画指揮に当たり、銃殺刑に処せられた。

**歌意**＝国民よ、国を思って狂うほどになり、国を愛して馬鹿者と言われるほどになってくれ。

### ◎二・二六事件の背景にあったマルクス主義

「国民よ」というストレートな呼びかけで始まるこの歌は、二・二六事件を計画指揮して銃殺刑になった陸軍軍人磯部浅一《いそべあさいち》の作である。昭和十一年（一九三六）に起こった二・二六事件は、日本の歴史の中でも最大級の悲劇であった。この事件については愛国心の発露だったと評価する声があり、天皇が救いの手を伸ばさなかったことに同情する意見もある。しかし私は、日本にとってこれほど大きな害を及ぼした事件はなかったと思っている。

実は、この事件の背景にはマルクス主義があった。まずその説明をしよう。

一九二九年（昭和四）にアメリカで「スムート・ホーリー法」という法律が上程された。これは関税障壁を高くすることで国内産業を守ろうとする保護貿易法案である。ところが、その関税率が異常に高く、なんと最高で八百パーセントに引き上げるというものであった。これに対し他国もアメリカ商品に高い関税率をかけて報復したため、一年以内にアメリカの輸出入高は半分にまで落ち込んでしまった。これが世界大恐慌を招く原因になった。

アメリカの保護貿易政策に対して、イギリスはブロック経済で応じた。一九三二年（昭和七）にオタワ会議という帝国経済会議を開き、イギリス帝国内の国については相互に関税を引き下げるという相互通商協定を結んだ。当時は世界の四分の一がイギリスの植民地という時代であったから、植民地を持たない日本は困った。徳川幕府の時代であれば自給自足できたが、近代産業に転換した日本は工業原料がどうしても必要になる。しかし、そうした資源は日本にないものばかりだから原産国から買わなければならない。

そこで日本は資源国から天然資源を買い、それを加工して輸出するというやり方をとったが、関税障壁が高いために普通の値段では売れない。関税が高くても売れるようにするためには、格安にしなければいけない。そのためには、労賃を削るしかない。結果として貧乏人が国中にあふれ、不景気が日本全土を覆うことになってしまった。

当時の経済学者たちは、拡大再生産は必ず行き詰まるというマルクスの恐慌論が当たったと解釈した。決してそうではないのだが、恐慌が起こったために、結果的にマルクスが、そしてマルクス主義が正しいと考えられるようになったのである。

当時、すでにソ連はできていたが、日本の共産党はいまだ大した力を持っていなかった。昭和七年にスターリンの三二年テーゼ（正式名称は『日本における情勢と日本共産党の任務に関するテーゼ』）が出て、コミンテルン日本支部日本共産党に対し「皇室廃止」という日本人には受け入れがたい命令を発してきた。これにより、多くのシンパが共産党から離れてしまったのである。

ただし、共産党は受け入れがたくとも、マルクス主義は正しいのではないかと考える人はたくさんいた。コミンテルン（国際共産党）の宣伝活動が進んでいたため、なんとなく将来は社会主義に進まなければ、今以上の失業者の群れを生み出すことになるのではないか、というような雰囲気になったのである。

それが右翼運動と結びついた。当時の右翼は、北一輝《きたいっき》にしても純正社会主義を唱え、大川《おおかわ》周明《しゅうめい》などの考え方も共産党と変わらなかった。ただし、たった一つ、皇室崇拝である点で共産党と異なっていた。言い換えれば、皇室を押し戴いている共産主義だったのである。これならば日本人にも受け入れやすい。問題となったのは、この思想が軍隊の下級将校の中に入ったことである。

下級将校というのは大秀才の集まりと言っていい。学力は旧制高校から東大に行くルートの人間に比べても見劣りしない。体力、気力では絶対に上回っている。そういう人たちが、二十歳前後で鉄砲・機関銃を持った百人以上の部下を従えたのである。そして、その部下となった兵士たちは、関東地方の連隊であれば東北からやって来ていた。東北は不況のうえに冷害に見舞われ、貧乏で飯も食えない状態だった。だから兵隊になって三食食えることをみんな喜んでいるのである。その一方で、兵隊の家族の中には娘が身売りをしなければならないような貧しい家も数多くあった。

そうした兵士の話を聞いた青年将校たちは正義感に燃え、社会が悪いのだと思い込んだ。彼らは直接的には大川周明や北一輝の影響を受けたが、その考え方は共産主義そのものだったのである。こうして共産主義的な武装蜂起が日本において起こることになった。

## ◎政党政治の死と軍部暴走の始まり

その最初の暴発は昭和七年（一九三二）に起きた五・一五事件であった。ただし、五・一五事件では犬養毅《いぬかいつよし》総理大臣が殺されたが、世間にはそれほどの危機感はなかった。むしろ政治が悪いという考えもあり、事実、実行犯は死刑にならず、のちに恩赦《おんしゃ》で減刑され釈放されているのである。そして軍人勅諭《ちょくゆ》の中に「政治にかかわらず」との規定があるにもかかわらず、これ以後、軍人内閣が成立するなど軍が政治にかかわるようになっていく。

そういう流れの中で、昭和十一年（一九三六）二月二十六日から二十九日にかけて、二・二六事件が起きる。

二・二六事件は五・一五事件と比べて桁外れに大規模なものであった。現役の将校が現役の軍隊を使って鉄砲や機関銃で重臣たちを殺しまくった。しかし、誰にもそれを止める力がないのである。なぜならば、実際に兵隊を動かす少尉、中尉、大尉クラスが小隊長、中隊長として動いていたからである。

この事件に怒ったのは海軍である。海軍関係者は何人も殺傷されているのに、陸軍のほうは無傷であったからである。そこで、海軍陸戦隊が東京に上陸し、さらに横須賀鎮守府の米内光政《よないみつまさ》司令長官が東京湾に第一艦隊を派遣して、戦艦長門《ながと》をはじめとする軍艦の砲を陸上に向けて威嚇した。一方、陸軍上層部は慌てるだけで埒《らち》があかない。むしろ蜂起した青年将校たちに向かって「お前たちの気持ちは天皇に達しつつある」と的外れな説得をする始末だった。

実は一番腹を立てていたのが、その天皇陛下《へいか》ご自身であったのである。その怒りの第　は、鈴木貫太郎《すずきかんたろう》が狙われたからである。鈴木貫太郎夫人は天皇陛下を乳母《うば》のような形で育てた人なので、そこから話が伝わったものと考えられる。

そのとき天皇陛下にははっきりわかったことがあった。それは二・二六事件を引き起こしている兵隊が反乱軍であるということである。というのは、通常、軍事演習は平時編成で行うが、実戦は戦時編成に切り替えて行う。そして、平時編成を戦時編成に切り替える命令ができるのは天皇だけなのである。ところが現状を見ると、天皇が命じた覚えはないのに戦時編成で行動している。だから、「あれは反乱軍である」と天皇は断言された。

そのとたんに、陸軍の大将たちも腰が定まった。そして一気に鎮圧にかかり、二・二六事件は春の淡雪の如く消えるのである。

しかし、その影響力は大きく、それ以後、軍部の独走が始まることになった。軍に何か文句を言おうものなら、「二・二六事件のような武装蜂起がまた起こるぞ」と脅される。すると怖くて誰も何も言えなくなるのである。誰かれなく容赦なく殺してしまうのだから当然だ。しかもそれに対抗するものはないのだ。警察は武力では軍隊の敵ではない。だから二・二六事件以後、政党政治は成り立たなくなってしまった。軍の意見が政治の意見となり、日本はまっしぐらに地獄への道を進んでいくのである。

二・二六事件が日本に最も大きな害を及ぼしたと私が考えるのは以上のような理由からである。

ここにあげた磯部は、その霊が三島由紀夫《みしまゆきお》に憑《つ》いたと言われ、それが三島の割腹自殺に連なる行為の動因になったとも言われている。

# 靖国神社と日本人

## 八七

ますらをの
愛《かな》しき命
積み重ね
積み重ねまもる
大和《やまと》島《しま》根《ね》を

三井甲之

**三井甲之**（みついこうし　一八八三～一九五三）山梨県出身。歌人、文学者。昭和三年に「しきしまの道会」を設立し、明治天皇御製《ぎょせい》拝唱運動を展開。

**歌意**＝ますらおの犠牲を積み重ね積み重ねして守ってきた日本であった。



### ◎靖国神社の精神

三井甲之《みついこうし》のこの歌ができたのは戦時中というわけではない。海軍の練習中に駆逐《くちく》艦と巡洋艦が衝突して、知人であった艦長が亡くなった。その艦長を弔《とむら》うために作った歌である。しかし、いみじくもそれは靖国神社《やすくにじんじゃ》の本質を讃えるような歌になった。非常に愛すべき大切な命を「積み重ね　積み重ねまもる　大和島根《やまとしまね》を」、これこそ靖国神社精神そのものである。

靖国神社は明治二年（一八六九）六月二十九日に、明治天皇の命によって東京招魂社として建立された。そのそもそもの目的は、戊辰《ぼしん》戦争における政府軍の戦没者を祀《まつ》ることにあった。

靖国神社と改称されたのは明治十二年（一八七九）のことである。

その後、靖国神社には戊辰戦争の戦没者だけではなく、明治維新前後の国内の戦いで国家のために命を落とした人々も祀られるようになり、さらには日清・日露・第一次世界大戦・満洲《まんしゅう》事変・支那《シナ》事変・大東亜戦争といった国外での事変や戦争で亡くなった軍人や従軍看護婦、軍属・文官・民間人も含まれるようになった。その一連の流れの中で、いわゆる戦犯として刑を受けた人たちも捕虜として亡くなったという見地から法務死として、その御霊《みたま》も祀られるようになったわけである。

目的はあくまでも国家のために命を落とした方々の御霊を祀り崇《あが》めることであった。それが政治問題化したというのは、そうすることによって何がしかの利得を得られる勢力があったからである。靖国問題とは、そうした戦後利得者たちが練り上げた問題と言ってもいい。むしろそこにこそ、問題の本質があるように私は考えるのである。

この問題について国民が第一に考えるべきことは、死者の希望である。その人たちの九九・九九パーセントは靖国神社に祀られ、天皇陛下《へいか》以下、すべての日本人に追憶・哀悼し続けてもらうことを願い、かつ期待していたことである。

一例を挙げよう。

昭和十六年（一九四一）十二月二十一日から三日間、山口多聞《やまぐちたもん》少将の第二航空戦隊は、ウエーキ島のアメリカ軍施設を攻撃した。そのとき、艦上爆撃機の一機がなかなか帰ってこない。

そのうち「戦死なりや（戦死とみなされるでしょうか?）」の電文が入った。無線封止だったが、山口は誘導電波を出させたので、日没後帰って海上に着水した。搭乗員は救助された後で、「なぜ、戦死なりやと問い合わせてきたのか」と詰問《きつもん》されると、「戦死でないと靖国神社に行けないかと心配だったのです」と答えた。これが兵士の心であり、願いであったのだ。今を生きている日本人がそれを忘れてはなるまい。

またA級戦犯のことが問題にされているが、東京裁判をやらせ、その裁判条令を作らせたマッカーサー元帥自身が、昭和二十六年（一九五一）五月、アメリカ上院軍事外交合同委員会という公式の場で、「日本人が戦争に入ったのは、自衛のためやむなくしたのだ」と発言した。あの戦争が自衛戦ならば、「平和に対する罪」もなくなり、A級戦犯というカテゴリーも消えたことになる。

## 戦争未亡人たちの戦後

八八

支那海《しなかい》に
沈みし君が
面影《おもかげ》を
おもへばいたく
眉太《まゆふと》かりき

吉向文子

**吉向文子** 詳細不明

**歌意**＝東シナ海に船とともに沈んだあなたの面影を思い出している。ああ、眉の太い人であったなと。

### ◎戦争未亡人の哀歌

昭和十八年（一九四三）の『アララギ』に掲載された戦争未亡人の歌である。戦時中は、夫を戦争で失った戦争未亡人の歌がいくつも生まれた。

この歌もそうした中の一つ。もう戻ってはこない夫を懐《なつ》かしみ、悼《いた》む素直な気持ちが胸に迫ってくる。

多くの戦争未亡人が生じたが、その人たちの歌には秀れたものが多い。この人たちに自分の夫（あるいは親でも子でも同じことだが）の死が、犬死にでなかったことを知っていただきたいものである。戦後の占領軍の方針と、それに悪乗りし便乗した左翼的な人たちは、戦死者たちの死が犬死にだったように日本国民に思わせようとしている。アメリカもベトナム戦争の死者を犬死にとせず、その全員の名を刻んだ碑をレーガン大統領は建てさせた。

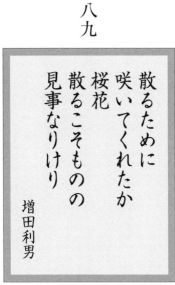

## 特攻隊

### 八九

散るために
咲いてくれたか
桜花
散るこそものの
見事なりけり

増田利男

**増田利男**（ますだとしお　一九二三〜四五）陸軍少年飛行兵学校十一期。神風特別攻撃隊の一員として昭和二十年四月十一日に台湾宜蘭《ぎらん》より出撃し還らず。享年二十二。

**歌意**＝散ることがわかっているのに、それでも咲いてくれたか桜の花よ、散ってゆくところにこそ、本当の美しさがあるものだ。

**◎散る桜に命を重ねた特攻隊員**

この歌は昭和二十年（一九四五）四月十一日、飛行百五戦隊のパイロットである増田利男少尉（戦死時＝軍曹）当時二十二歳が、特攻隊の一員として、台湾宜蘭《ぎらん》から沖縄中城湾へと飛び立つ前に詠んだ辞世である。増田少尉は少年飛行隊第十一期生として、昭和十七年（一九四二）十二月から翌年三月まで、知覧《ちらん》で飛行訓練を受けている。その知覧の「富屋《とみや》食堂」の女主人で、特攻隊員の母と慕われた鳥浜《とりはま》トメさんが食堂に張っていたということで有名になった歌である。

散る桜に美を感じ、そこに軍隊をかぶせるという形は、平安朝で確立した散る桜花の美を武人が受け継いだ例である。若き特攻隊員たちの辞世の中には、いくつも桜を詠んだものがある。

陸軍の歌にも「万朶《まんだ》の桜か襟《えり》の色　花は吉野に嵐吹く　大和男子《やまとだんじ》と生まれなば　散兵線《さんぺいせん》の花と散れ」とあるが、桜というのは、日本人にとって特別な花である。

アメリカ軍は日本兵、特に特攻隊の人たちをファナティック（狂信的）と見ていたようであるが、その残した手帳に書かれている文章を読み、「彼らは哲学者のようだ」と評するに至っている。この場合の哲学者は、ローマ時代のストア派の哲学者のように、死と正面から向き合って、しかも、平静に死を迎えるという覚悟、心の鍛錬ができていた、という意味であろう。

# 九〇

## 硫黄島防衛戦

国の為
重き努《つとめ》を
果《はた》し得で
矢弾《やだま》尽き果て
散るぞ悲しき

栗林忠道

**栗林忠道**（くりばやしただみち　一八九一～一九四五）陸軍大将。硫黄島《いおうじま》の戦いの指揮を執る。圧倒的な戦力差にもかかわらず、最後まで果敢に戦い抜き、戦死した。

**歌意**＝お国のために担った重責を果たし得ずに、銃弾が尽きてしまって死ななければならない。なんとも悲しいことである。

### ◎アメリカ軍を足止めした名将

この「国の為……」は、クリント・イーストウッド監督の映画『硫黄島《いおうじま》からの手紙』で一躍有名になった栗林忠道《くりばやしただみち》の辞世の句。硫黄島陥落を覚悟して大本営に打電した電報に付けられていた訣別の歌である。

栗林は指揮官として評価が非常に高い。それは彼が敵にダメージを与えることのみを考え、そのための戦法を最後まで貫いたからであろう。猛烈な艦砲射撃や爆撃を受けた上に、二倍以上もあったと言われる兵力差の中で、大規模な地下壕をめぐらせて持久戦に持ち込み、本土防衛のための時間稼ぎに徹した。いわゆる万歳突撃という玉砕を禁じ、最後となった総攻撃も、隠密裏に敵陣に近づいて夜襲をかけるというゲリラ戦法をとってアメリカ軍に予想以上の打撃を与えることに成功した。勝利を得ることはできなかったが、これは大石内蔵助《おおいしくらのすけ》の「勝利の全《まった》き所を専《もつぱ》らに相働くべき事」の精神そのものであった。国土防衛のために、与えられた陣容で最善を尽くして散っていった軍人だったと思う。

栗林は長野中学から陸軍士官学校に進み、陸軍大学を次席で卒業しているが、陸軍省の中枢や参謀本部などの主流には配属されなかった。その理由を栗林本人は「陸軍幼年学校出身ではないから」だと考えているようである。ただし、武官補佐官として昭和二年（一九二七）にはワシントンに駐在し、ハーバード大学で軍事研究を行っていることからも優秀な軍人であったことは疑いない。そうした軍人が軍の中枢に入れずに前線に置かれたというところに、当時の軍部の問題があったと言ってもいいのである。栗林中将（死後・大将）は、小笠原父島から指揮せず、死地と知っている硫黄島に行って指揮をした。それが兵士たちを感激させたのである。

しかし、食糧や弾丸などの補給の道を断たれた兵士に戦闘を続けさせたというのは、日本軍の最高幹部の最も重大な欠陥であった。栗林中将の軍隊ばかりでなく、他の戦場の日本軍も、砲弾や食糧が続いていたら、もっと納得のいく戦いをしたことであろう。

# ポツダム宣言

## 九一

身はいかに
なるともいくさ
とどめけり
ただたふれゆく
民をおもひて

昭和天皇

**昭和天皇**（しょうわてんのう　一九〇一～八九）第百二十四代天皇。名は裕仁《ひろひと》。ポツダム宣言の受諾を決定、終戦後の昭和二十一年一月一日に「人間宣言」を行った。

**歌意**＝私の身はどうなってもかまわないから戦をとどめよう。倒れていく民のことを思うばかりである。

### ◎御前会議の決定

この歌はポツダム宣言を受諾するときに天皇陛下《へいか》が詠まれたという御製《ぎょせい》である。

昭和《しょうわ》天皇は直接政治に口を出されなかった。その決断を下されたのは、二・二六事件で岡《おか》田《だ》啓介《けいすけ》首相が殺されたと聞き（誤報であったが）、陸軍首脳部がお手上げ状況であると見て取って、「お前たちがやらぬなら朕《ちん》自ら近衛《このえ》師団を率いてこれを鎮圧に当たらん」と言われたときと、このポツダム宣言受諾のときだけである。

よく御前《ごぜん》会議という言葉を使うが、御前会議では天皇は発言なさらない。日米開戦の前の御前会議で「よもの海　みなはらからと　思ふ世に　など波風の　たちさわぐらむ」という明治天皇の御製を詠まれたのは例外であって、これにしても直接に天皇が「平和を望む」と言われたわけではない。

ところが終戦のときは、御前会議でポツダム宣言を受諾するか否かで「本土決戦をしても戦争を続けるべきである」という意見と「もうこれ以上はやるべきではない」という意見が半々に分かれた。ポツダム宣言受諾に賛成したのが東郷茂徳《とうごうしげのり》外務大臣、米内光政《よないみつまさ》海軍大臣、平沼騏一郎《ひらぬまきいちろう》枢密院議長、反対したのが阿南惟幾《あなみこれちか》陸軍大臣、梅津美治郎《うめづよしじろう》参謀総長、豊田副武《とよだそえむ》軍令部総長である。この場合、本来であれば首相が裁決することになっているが、時の鈴木貫太郎《すずきかんたろう》首相は賢明であった。「我々には決めかねますので陛下のご聖断を」と陛下に結論を委ねてしまったのである。

その言葉を受けて、昭和天皇が「それなら言おう、私は外務大臣の言に賛成である」と言われ、ポツダム宣言受諾の方針が決まった。これで戦争は終わるのである。

## ◎立憲君主制の終わり

御前会議の存在は意外に知られていない。その最初は支那《シナ》事変（一九三七～四五）のときであった。その前の満洲《まんしゅう》事変（一九三一～三三）は政府が関知しないところで軍部が独走したものだったが、支那事変は各国大使館がある国が戦場であるから、外交問題として発展していく可能性が大だった。そこで昭和十二年（一九三七）十一月、政府と大本営が協議するための大本営政府連絡会議という機関が設けられた。その後、大本営政府連絡懇談会に名称変更され、のちに再び大本営政府連絡会議への改称を経て、小磯《こいそ》内閣のときに最高戦争指導会議へと変わるのである。これらは名前こそ違うが、同じことで、政府と陸海軍が連絡し、話し合う場であった。

正式のメンバーは首相、外相、陸相、海相、参謀総長、軍令部総長の六人である。超重大な国家の決断を連絡会議がやるのではおかしいので、重要な問題については天皇陛下にご臨席いただき、これを「御前会議」と称して国民を納得させようとしたのである。しかし、天皇が御発言されることはなく、中身は常に連絡会議での各部門の合意事項、つまり妥協事項の発表であった。

なぜ天皇陛下のご出席が必要であったかと言えば、日本の首相には権限がまるでなかったからである。たとえば東条英機《とうじょうひでき》は独裁的だったと言われたが、海軍にはまったく口を出せなかった。だから東条が独裁者であるというのは大間違いで、それを言うならルーズベルトやチャーチルのほうがよほど独裁的である。

東条が総理大臣と陸軍大臣を兼務しているときでも、陸軍に対して何も命令はできなかった。なぜか。陸軍大臣は軍政のトップであり、作戦指導などは軍令のトップである参謀総長の権限であったからである。陸軍でさえそうなのだから、いわんや海軍のことは報告されなければば何もわからない。東京裁判で「真珠湾《しんじゅわん》の攻撃を知っていましたか」と聞かれたとき、東条は「知らなかった」と答えた。質問者は馬鹿を言うなと呆《あき》れかえったが、それが真実なのである。

しかし、さすがに作戦指導もできないのでは話にならないというので、のちに東条は陸軍大臣と参謀総長を兼務し、陸軍の指揮を執るようになる。それをして独裁的だと言われたが、そのときでもなお海軍のことはわからないままだった。独裁どころの話ではないのである。

というわけで、権限のない総理大臣が何を決めたところで重みがない。そこで、重要な会議には天皇にご出席いただき、御前会議として決定事項に重みを出そうとしたわけである。つまりは箔《はく》付けのために天皇陛下に出ていただくものであった。

終戦という重大な問題に天皇陛下にご出席いただいたのは当然である。そこで首相が、立憲制度の基本を無視し、天皇ご自身の意見を聞いたので、陛下が初めてご自分の意見を出され、戦を止められたのである。これは明治憲法に違反している。明治憲法下では天皇陛下にそういう権限は認められていない。本来は、すべて内閣が責任を持つべき事項なのである。しかし、自分には責任が持てないと鈴木貫太郎首相が言ったがために、天皇陛下がご意見を述べることになったのである。

あまり指摘されないが、これは立憲君主制が終わり、一時的であれ、君主制になったということを意味している。歴史的な大事件であったのである。

## 満洲国

### 九二

からくにと
大和《やまと》のくにが
むすばれて
永久《とは》に幸あれ
千代に八千代に
　　　愛新覚羅浩

**愛新覚羅浩**（あいしんかくらひろ　一九一四〜八七）満洲国皇帝・愛新覚羅溥儀《ふぎ》の実弟溥傑《ふけつ》の妻。結婚前の名は嵯峨浩。「流転の王妃」として知られる。
**歌意**＝満洲国と日本の国が結ばれて、いつまでもいつまでも永久に栄えますように。

**◎満洲国建国の真実**
愛新覚羅浩《あいしんかくらひろ》は、満洲国皇帝・愛新覚羅溥儀《あいしんかくらふぎ》の実弟溥傑《ふけつ》のもとに日本の華族である嵯峨《さが》家から嫁いだ女性である。本名を嵯峨浩という。この歌は、溥傑と浩が国境を越えて結ばれたように、満洲国と日本がいつまでも栄えますようにと願う、とてもいい歌である。

満洲国と言うと、そこで日本が悪いことをしたと思い込んでいる人も多いが、それはまったくの誤りである。満洲国の建国の発端は、満洲族の王朝である清朝のラストエンペラー溥儀が辛亥《しんがい》革命という孫文《そんぶん》を中心とする漢民族の独立運動によって紫禁城《しきんじょう》から追い出されたことから始まる。溥儀は紫禁城から追い出されたあと、年金生活をしようかと思っていた。ところが、馮玉祥《ふうぎょくしょう》という、キリスト教信者だが共産主義的な将軍に命を狙われたため、ある黄砂吹き荒れる日にサー・レジナルド・ジョンストンという最も信用するイギリス人家庭教師とともに住居から脱出し、天津の日本公使館に転がり込むのである。

このジョンストンという人は当代一流のシナ学者で、のちにロンドン大学教授となり東方研究所の所長を務める大学者である。この人はずっと溥儀の家庭教師をやっていて、溥儀が満洲国皇帝になったことを大変に喜び、『紫禁城の黄昏《たそがれ》』という名著を書いている。そして、『紫禁城の黄昏』が出版されるとき、その序文は溥儀自身が書いている。それほど溥儀にとってジョンストンは信頼のおける人物であったのである。

その溥儀が日本公使館に転がり込んできた頃、満洲では軍閥《ぐんばつ》や匪賊《ひぞく》が勝手に跋扈《ばっこ》し、無政府状態にあった。そこで日本が日露戦争以来の権益を守る目的もあり、溥儀の求めに応じて満洲国を建国する手助けをしたのである。満洲は、溥儀の先祖のヌルハチ（奴児哈赤）が十七世紀初頭に国を興した満洲族王朝発生の地である。そこに満洲族の正規の後継者である溥儀が皇帝に就き、大臣に満洲人と清朝の忠義の人たちを揃《そろ》えた満洲国ができあがったのである。

それから日本が敗戦するまでの十数年ほどの間、満洲は世界で最も進歩の顕著な輝く土地であった。その満洲族の国を、今の中国政府は吸収し、満洲民族も満洲語もほとんど抹殺されて、今のチベットよりもひどい状態である。したがって、満洲について日本は一点の罪の意識を感じる必要もないのである。

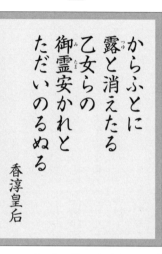

## 終戦後の悲劇

九三

からふとに
露《つゆ》と消えたる
乙女らの
御霊《みたま》安かれと
ただいのるぬる

香淳皇后

**香淳皇后**（こうじゅんこうごう　一九〇三〜二〇〇〇）昭和《しょうわ》天皇の皇后。名は良子《ながこ》。父は久邇宮邦彦王《くにのみやくによし》、母は薩摩藩主島津忠義《しまづただよし》の七女俔子《ちかこ》。

**歌意**＝樺太《からふと》で露と消えた少女たちの霊に、安らかにお眠りくださいと、ただ祈るのみです。

### ◎歴史に埋もれた小さな事件を詠む

香淳《こうじゅん》皇后のこの歌は樺太《からふと》で電信の仕事をしていた女性たちが毒をあおって自害した事件を悼《いた》んで詠まれたものである。

事の発端は、ソ連軍が日ソ間で結ばれていた相互不可侵と中立を取り決めていた日ソ中立条約を一方的に破棄し、昭和二十年（一九四五）八月八日の深夜に「日本がポツダム宣言を拒否したため連合国の参戦要請を受けた」との理由で日本に宣戦布告してきたことにある。そして、満洲国と朝鮮半島北部に向けて軍事侵攻を開始した。日本は八月十四日に中立国を通して降伏を声明したが、ソ連は終戦後の八月十六日に南樺太へ侵攻、さらに八月十八日には千島列島へ侵攻し、それぞれ占領した。

当時の南樺太を管轄していた日本人司令官は、「あなたがたは早く引き揚げなさい」と電信の女性たちを説得したが、「情報が必要でしょうから、自分たちは残ります」と最後まで残って仕事を続けた。そして、ソ連軍が近くまでやって来ているという知らせが入ったとき、暴行されるのを恐れて、みんなで毒を飲んで死ぬのである。

このソ連の行動は米・英・ソの間で一九四五年二月に行われたヤルタ会談で極秘に決まっていたものとされる。しかし、その結果を見れば、ソ連は国際法をまったく無視して、終戦前後の混乱に乗じて自らの領土拡張を狙っていたとしか考えられない。

結局、このときのソ連の横暴が三十万以上の犠牲者を出したシベリア抑留《よくりゅう》問題や、今もなお続く北方領土問題へとつながっていくのである。ソ連は戦後、本当にひどいことをいくつもやった。その中には今なお日の目を見ていない事件もたくさんあるだろう。この樺太の事件も、その一つの象徴である。大きな歴史の中に埋もれがちな小さな事件を香淳皇后が和歌にとどめておいてくださったというのは、ありがたいことである。

# 戦争責任

## 九四

たとえ身は
千々に裂くとも
およばじな
栄えしみ世を
落せし罪は

東条英機

**東条英機**（とうじょうひでき　一八八四〜一九四八）陸軍軍人。第四十代内閣総理大臣。大東亜戦争開戦時の首相で、東京裁判でA級戦犯とされ死刑判決が下った。

**歌意**＝自分の身を千々に裂いたとしても、栄えある日本の国を敗戦へと導いた罪はぬぐえまい。

### ◎戦争の罪と敗戦の責任

東条英機《とうじょうひでき》は二・二六事件を背景として登場した軍人である。先にも述べたように、二・二六事件が起こったあと、青年将校への恐怖が高まり、軍の発言力が高まり、政治の力は弱体化していった。しかし、アメリカが日本への圧力を強めてくる状況下でアメリカと戦争をしないで済ませるためには、政治交渉をして相手の条件を呑《の》まないわけにはいかなかった。だが、そこで譲歩すると言えば、軍の強硬派は「そんなことやると、また二・二六事件が起こる」と必ず脅しをかけてくる。

どうすれば二・二六事件の再発を防げるか、というので落ち着いたところが東条英機の総理大臣就任であった。東条は二・二六事件を引き起こした皇道派と対立する統制派に連なり、軍事官僚としては極めて高い手腕を発揮した。二・二六事件のときも満洲において実に見事な指揮ぶりを示した。

そして東条自身は非常に忠義な天皇主義者であり、品行方正《ひんこうほうせい》で贅沢をしない。それに非常に几帳面《きちようめん》で事務処理が迅速《じんそく》正確であった。陸軍大臣当時に出した戦陣訓でも知られるように、軍規・風紀の遵守には殊《こと》のほか厳しく、違反した兵士は躊躇《ちゆうちよ》なく軍法会議にかけている。青年将校が上を攻撃するときには必ず「贅沢をしている」ことを材料にするが、東条はまったくその条件に当てはまらない。さらには憲兵を背景にしての睨《にら》みも強かった。

そういう理由で、大勢の意見はアメリカと交渉するならば東条。それ以外の人ではまた青年将校が暴発する可能性があるというので、東条英機が総理大臣に推されたのである。それしか選択肢がなかったと言ってもいい。彼に政治的野心のなかったことは、東京裁判のパル判事もその判決書の中で述べている。

東条は大東亜戦争開戦を決定したときの総理大臣であり、東京裁判では日本の軍国主義を代表する人物として裁かれて、A級戦犯として死刑に処せられた。しかし、その東京裁判の折、東条英機は宣誓口述書の中で、「検察側の言うような罪は一切犯していない、ただ敗戦の責任はいかようにも負う」旨を述べている。ここにあげた「たとえ身は……」の歌にも、敗戦に対して深い責任を感じていることが述べられているが、これらの言葉は自らの軍人としての生き方に適《かな》った、誠に彼らしい言葉であると思うのである。

## 占領体制

### 九五

願はくば
御国の末の
栄《さかえ》行き
吾《わが》名《な》さげすむ
人の多きを

重光葵

**重光葵**（しげみつまもる　一八八七〜一九五七）政治家・外交官。東条《とうじょう》・小磯《こいそ》内閣の外務大臣。終戦直後の東久邇宮《ひがしくにのみや》内閣でも外相を務め、全権として降伏文書に署名をした。

**歌意**＝願わくば日本の行く末が栄えて、降伏文書に署名をした私の名を蔑む人の多いことを。

**◎自分を軽蔑する人が増えるように**

重光葵《しげみつまもる》は、昭和二十年（一九四五）九月二日、東京湾上に停泊した米国の戦艦ミズーリ甲板上で行われた連合国への降伏文書調印式に梅津美治郎《うめづよしじろう》とともに日本政府全権として出席し、署名を行った。

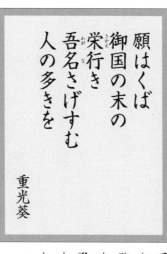

戦いに敗れたと言っても、戦前の大日本帝国を知っていた人たちは気骨があったということをよく表しているのが、彼の詠んだこの「願はくば……」の歌である。自分は国を代表して降伏文書にサインに行くが、いつか日本が再び繁栄を迎えて、敗戦のサインをした自分を軽蔑する人が増えるようになってもらいたい、という素晴らしい歌である。

重光がそのサインをして帰ってきたら、その晩のうちに横浜の進駐軍を通じて占領軍から命令が出された。その一つは日本語をやめて英語にすること。もう一つはお金を軍票にすること。それから占領政府に反対する者は軍事裁判にかけること、というような命令だった。

重光は驚いて、翌日、事前の約束もとらずにGHQに押しかけ、マッカーサーに強引に面会する。そしてマッカーサーに、日本語を廃止するとか軍票を使うとかというのはマイナスの効果が大きいと縷々《るる》説いて、「夕べの命令は取り消してくれ」と申し入れ、マッカーサーもその言い分を認めて、サザランド参謀長に取り消すように命じたのであった。

大日本帝国がしっかりしていた頃にきちんとした教育を受けた日本人は、最後まで立派な生き方を貫いた。その象徴が重光葵という人であった。

## 敗戦への思い

九六

最上川《もがみがわ》
逆白波の
たつまでに
ふぶくゆふべと
なりにけるかも

斎藤茂吉

**斎藤茂吉**（さいとうもきち　一八八二〜一九五三）山形県生まれ。明治から昭和前期の『アララギ』の代表的歌人。斎藤茂太《しげた》、北杜夫《きたもりお》の父で、精神科医としても知られる。

**歌意**＝最上川の激しい流れに逆らって白波が立つほどに、今宵は激しい吹雪になるかもしれない。

### ◎国破れて山河あり

戦時中そして敗戦を迎えるまで、日本人の九九パーセントは愛国的であったと言っていい。ゆえに歌にしても愛国的なものが多いのが特徴である。それだけに、昭和二十年（一九四五）八月十五日、玉音放送《ぎょくおん》とともに日本が敗戦を迎えたとき、国民のほとんどは全身から力が抜けてしまうような虚脱感を感じた。

日本人の歌人は、そういうときにかえっていい歌を作ることがある。この斎藤茂吉《さいとうもきち》の歌もその一つ。故郷の山形へ戻った斎藤茂吉が、最上川《もがみがわ》の激しい流れを見ながら、その景色をやまとことばのみで詠んだ歌である。

斎藤茂吉は若い頃、ギリシャ語まで入っている歌をつくっている。ドイツへ留学したときには、ヒットラーの名前が入っている歌を詠んだ。そういう西欧の洗礼を受けてきた茂吉が、日本が戦争に負けると、まるで憑《つ》き物が落ちたように、しみじみとした日本の景色を詠んだ歌をつくる。そこにはあの唐の詩人杜甫《とほ》が安禄山《あんろくざん》の挙兵によって荒らされてしまった国を思って詠んだ『春望』の一節、「国破れて山河あり」の心境が感じられる。

国が破れるとは、改めて国を思うことでもあるのだ。そして用語はすべて大和言葉《やまと》で漢語はない。

## 九七

マッチ擦《す》る
つかのま海に
霧ふかし
身捨つるほどの
祖国はありや

寺山修司

**寺山修司**（てらやましゅうじ　一九三五〜八三）青森県弘前市に生まれる。詩人、歌人、劇作家、映画監督など多彩な才能を発揮して多分野で活躍。著書に『田園に死す』『書を捨てよ町へ出よう』など。

**歌意**＝擦ったマッチの炎でつかのま見えた海は霧が深く、定かではない。果たしてこの身を捧げるほどの国であったのかどうか。

## ◎戦争への懐疑

これも敗戦を迎えた日本への一つの思いを詠んだ歌である。

「身捨つるほどの　祖国はありや」という箇所が有名になった。敗戦になって戦場から引き揚げてくると、お国のためと言われて戦ってきたけれど、果たして本当にこの身を捧げるほどの国であったのか、という気持ちになった人も少なからずいたはずである。

戦後は生き残った人が得をし、国のために亡くなった人は犬死にと思わせられるような占領軍の方針と、それに便乗した考え方が蔓延《まんえん》し、敗戦利得者、被占領利得者が幅を利かせる世相となったのだ。

寺山自身は敗戦のとき十歳だから戦争には行っていないが、父親は出征してセレベス島で戦病死している。そうしたことから戦争への懐疑を深めたとしても不思議ではない。歌人として寺山修司の名前が残るとすれば、この歌が代表作となるだろう。

斎藤茂吉《もきち》と並べて詠むと、敗戦の受け取り方もさまざまである。

## 独立回復の喜び

九八

風さゆる
み冬は過ぎて
まちにまちし
八重桜咲く
春となりけり

昭和天皇

**昭和天皇**（しょうわてんのう　一九〇一～八九）第百二十四代天皇。名は裕仁《ひろひと》。ポツダム宣言の受諾を決定、終戦後の昭和二十一年一月一日に「人間宣言」を行った。

**歌意**＝冷たい風の吹きすさぶ冬は過ぎて、待ちに待った八重桜咲く春がやってきた。なんともうれしいことだ。

### ◎日本の独立回復を祝う御製

終戦から約七年間、日本は占領される。そしてその間に重大な事件が起こっている。連合国が一方的にポツダム宣言を破ったのである。そもそもポツダム宣言は無条件降伏だと言われるが、文書中に「我等の条件は次の如し」と書かれていることからも条件降伏であることは明白である。ところが現実には戦勝国の論理を振りかざして無条件降伏だと言い、あたかも占領管理のような立場で日本に憲法その他を押しつけている。

これは、占領軍はその国の恒久的な法律を変えてはいけないという、一八九九年にオランダのハーグで開かれた第一回万国平和会議で採択されたハーグ陸戦規約にも違反しているのだが、それも占領軍は無視している。そればかりか、宗教には政治は関与してはいけないという、三十年戦争のあとに締結されたウェストファリア条約（一六四八年）以来の文明国のルールをも破って、国家神道《しんとう》の廃止を命じた神道指令を出すという無茶をやっている。さらに付け加えておけば、この間に公職追放令が出され、空白になった重要なポストに左翼が大量に入り込むのである。

先の安倍《あべ》内閣が戦後レジームからの脱却を宣言したが、あれはやり方を間違えたと私は思っている。日本は戦後レジームの中で経済復興し、繁栄を享受してきた。そこから脱却するというと、軍国主義に戻るのか、という宣伝にどうしても乗りやすくなる。これは「占領体制からの脱却」と言えばわかりやすかった。繁栄の時期が長いだけに、「戦後」という言葉では、それが何を指しているのかがぼやけてしまうのである。

日本は昭和二十六年（一九五一）九月八日に連合国四十八か国とサンフランシスコ条約を結んだ。そして、それが発効した翌年四月二十八日に独立を回復した。しかし不思議なことに、国として一度も独立回復記念日を祝っていない。なぜ祝うことができなかったのかは謎だが、いろいろな仮説があり得ると思う。

私の仮説は、国会の過半数に反対勢力があったから、というものである。当時は社会党の勢力が強く、今の民主党ぐらいの力があった。共産党も少なくない議席を占めていた。この両党は全面講和を唱えていて、サンフランシスコ条約締結に反対していたから、独立回復記念日をつくりたくてもつくれない状況にあったのではないか。要するに、占領が終わるという喜びを讃える機運が当時の日本には半分あるかないかだったのである。

しかし、そのときに独立の喜びをはっきりと示されたのが、この昭和天皇の御製《ぎょせい》である。

「風さゆる　み冬は過ぎて　まちにまちし　八重桜咲く　春となりけり」

七年間の占領はまさに「風さゆる（冷ゆる）」ではなかったかと思う。その長い「冬は過ぎて」待ちに待った八重桜の咲く春になった。

こう詠まれた昭和天皇は、独立回復後、明治神宮と靖国神社に参拝された。そこで何を祈られたかは推測するより仕方がないが、明治神宮では、明治天皇がおつくりになった栄えある日本を敗戦に落としたことを謝罪し、同時に、ようやく主権回復を果たしたことを報告されたはずである。靖国神社でも英霊に対して、「あなた方は国を守るために死んでくれたが負けてしまった。しかし、また独立を回復したから安心してほしい」と祈られたのではないだろうか。

日本には独立回復をはっきり喜んだ文献はこれぐらいしかない。これは世界にも稀《まれ》なことだろう。これからでも遅くはない。独立回復の歌を作り、国旗を揚げてみんなで歌わなければいけないと思う。

## 自主独立を問う

九九

散るをいとふ
世にも人にも
さきがけて
散るこそ花と
吹く小夜嵐《さよあらし》

三島由紀夫

**三島由紀夫**（みしまゆきお　一九二五〜七〇）戦後を代表する小説家。『仮面の告白』『金閣寺』『豊饒《ほうじょう》の海』など多数の作品を残した。最期は自衛隊市ヶ谷駐屯地で割腹自殺。

**歌意**＝散ることを嫌がる世間や人に先がけて、散ってこそ花じゃないかと、夜に強い風が吹く。

### ◎真の独立を願う

戦後の独立回復は、アメリカの思うままに計画され、進行した。その結果、主権の発動であるところの憲法すらも外国人の手によってつくられることになってしまった。これは世界に例を見ない〝ごまかし〟である。そんなごまかしに対して敏感に反応する人もいた。たとえば三《み》島由紀夫《しまゆきお》である。

三島由紀夫は昭和四十五年（一九七〇）十一月二十五日、陸上自衛隊市ヶ谷駐屯地内にある東部方面総監部の総監室を「楯《たて》の会」のメンバー四名とともに訪れる。そして、東部方面総監を人質にとって籠城し、自衛隊の決起・クーデターを促す演説をし、最後に「天皇陛下万歳」と三回叫んだあと、室内に戻って割腹自殺した。

その行動の是非はともかくとして、彼が国を憂い、憲法改正をしたうえで日本が真の独立を果たすことを願っていたという事実は後世に伝え残していかなければならない。

「益荒男《ますらを》が　たばさむ太刀《たち》の　鞘鳴《さやな》りに　幾《いく》とせ耐《た》へし　今日《けふ》の初霜」（立派な男子が手にした太刀は抜かれるのを待って鞘の中で音を立てている。何年も我慢してきたが、初霜のおりた今日、そのときが来た）

これも三島由紀夫の辞世の一句。「散るをいとふ……」の句ともども割腹自殺の前日に書かれたと言われている。三島由紀夫という人は大変なる才人で、きらびやかな漢語を駆使した文章を書いた。その三島にあって、辞世となる歌はやまとことばだけで書いている。最期は日本の伝統にのっとって、という気持ちがあったのだろうか。

## ◉全体のまとめ

### 言霊の助くる国

百

磯城島《しきしま》の
大倭《やまと》の国は
言霊《ことだま》の
助くる国ぞ
まさきくありこそ

柿本人麻呂

**柿本人麻呂**（かきのもとのひとまろ　生没年不詳）飛鳥時代の代表的歌人。職業的歌人の初めとされ、『万葉集』のうち、四百五十首ほどが彼の作品と言われている。

**歌意**＝日本は言霊が助けてくれる国である。私がこうして祝福の言葉を口に出しているのだから、必ずその効果があります。どうぞ無事に行ってこられますように。

山上憶良《やまのうえのおくら》の長歌にも「神代《かみよ》より言《い》ひ伝《つ》て来《け》らく　そらみつ大和《やまと》の国は　皇神《すめろぎ》の厳《いつく》しき国　言霊《ことだま》の幸《さき》はふ国と　語り継ぎ　言ひ継がひけり」（56頁参照）とあるように、日本文明の核心部は、神話の時代から一系の皇室と、大和《やまと》言葉にあると見ることができる。もしこれがなければ、日本という国は、シナ大陸文明の一部として組み込まれてしまっていたであろう。それは朝鮮半島がシナ文明圏に入れられているのを見れば理解できよう。

仏典や儒教の書物は、深い哲学や高い文明を載せて、日本にやってきた。膨大なボキャブラリーは漢字であった。それにもかかわらず、『古事記』や『万葉集』は大和言葉であり、漢文で書かれた『日本書紀』でも長歌・短歌はすべて大和言葉であった。和歌こそは日本文明を言語で守ってくれたのだ。「言霊《ことだま》の助くる国」であったことを肝に銘じよう。

# おわりに

「百人一首」を選ぶということは、藤原定家《ふじわらさだいえ》以来、いろいろな人によって試みられてきている。私が子供の頃は川田順の『愛国百人一首』(昭和十六年)が出され、「その有名なものを暗記していないと中学校の入試に受からないぞ」などと言われたものである。この中の歌を記憶している人は「年がわかる」と言えよう。戦争時はよかれあしかれ国民意識が高揚するときであるから、この中に選ばれた歌には強烈に記憶に残るものが少なくない。その後に金子薫園《くんえん》の『皇国百人一首』(昭和十七年)がある。これは川田撰と重なる歌もあるが、神武《じんむ》天皇御製《ぎょせい》として久米歌《くめうた》が巻頭にあるところがいかにも戦時色である。

戦後にも石井公一郎氏が中心になって宇野精一編で出された『平成新選百人一首』(文藝春秋)があり、これは各首にそれぞれ別の人が評釈をつけるというユニークな構想のものであった。また丸谷才一氏の大著『新々百人一首』(新潮社)がある。「新々」としたのは源義尚《よしひさ》(足利九代将軍)の撰による『新百人一首』があるからだという。丸谷氏は私の中学の先輩で、同じ校長先生――軍国教育的な方だった――の時代を過ごしたわけであるから、『愛国百人一首』を暗記されたと思うのだが、その『新々百人一首』は紀貫之《きのつらゆき》からはじまり、紫式部《むらさきしきぶ》という平安朝中心のもので、愛国的や興国的なものはなく、定家の『小倉百人一首』の系統をひいている。

歌人でも歌学者でもない私が、百首を選ぶというのは烏滸《おこ》がましいとは思ったが、「日本通史になるような視点から」という編集部の方針をいただいたので、お引き受けすることにした。

日本の歴史については歴史以前の考古学的分野の時代から、古代・中世・近世・近代と多くの学者の厖大《ぼうだい》な研究がなされている。しかし私のような人間にとっては、通史が関心の対象になる。本格的な日本通史を最初に読んだのはドイツ留学時代に辻善之助先生の『日本文化史』数巻と原勝郎先生の『An Introduction to the History of Japan』である。

その後、文明の比較に対する関心が持続していたが、アメリカで客員教授をしている間に知り合った若い日本人たちの日本史に対する全くの無知に驚愕《きようがく》することが多かった。それで帰国後に「外国に行く日本人はこれぐらいは知ってほしい」と思って書いたのが『日本史から見た日本人――古代編』（祥伝社）であった。その後、その続編も出したが、半世紀近く経つのにまだ版を重ねている。それとともに私の日本の歴史に対する関心も深まり、江戸時代末期における「ハイライト日本通史」とでも言うべき頼山陽《らいさんよう》の『日本楽府《がふ》』の評釈を六年がかりで月刊誌に連載した。その際、この超難解な詩の背景を知るために、同じく頼山陽の『日本政記』や『日本外史』、さらに必要な場合は『大日本史』まで当たるという作業をやらなければならなかった。

私は日本史の専門家ではないので、一時代や一事件の狭い分野の資料研究をする義務もなく、むしろ通史を読み比べて、日本の歴史の「姿」を見ることができたと思う。そして日本の歴史の「姿」は、要所要所にちりばめられた和歌によって浮き上がることも知った。


和歌に使われている言葉はいわゆる「大和《やまと》言葉」である。日本語の語彙《ごい》は大和言葉と漢語から成り立っているが、近代以前の和歌はすべて大和言葉からのみ成り立っていると言ってよい（万葉から新古今の時代まで網羅した『小倉百人一首』にも明らかに漢語とわかるものは「菊《きく》」と「衛士《ゑじ》」ぐらいである）。

その意味を考えたときに、ヒントとなったのはドイツの英語学者アッツァリノの英詩におけるゲルマン語系語彙と、非ゲルマン語系語彙（主としてラテン・フランス系）の使われ方に関する研究であった。これは私の『日本語のこころ』（講談社現代新書、後に『渡部昇一の「日本語のこころ」』と改題、WAC刊）の中で和歌や歌謡について考察する機縁になっている。この小著の中で私は和歌における大和言葉の本当の意味を立証し得たように思う。

作歌の道には私は入らなかったけれども、和歌は小学生の頃から作った。それを父が毛筆で清書し、そのたまったものを母が綴じてくれた。時代のせいもあって私が最初に覚えたのは『愛国百人一首』であり、『小倉百人一首』は戦後のことで、知り合いの年上の女性にお茶の水女子大の国文学科に進んだ才媛《さいえん》がいたので、この人に負けずに正月のかるた取りで札を取りたいという競争心が動機の一部をなしていた。

和歌の本当の美しさに眼を開いてくださったのは大学での恩師竹下数馬先生である。先生は萩原朔太郎の俳句や和歌の理解がすぐれていることを教えてくださった。彼の『恋愛名歌集』を読み、好きな歌をノートに書き写して暗記した。窪田空穂《うつぼ》の『新古今和歌集評釈』を読んだのもこの頃だったと思う。当時はまだ「万葉集が一番いいのだ」という風潮があったように思うが、自分は新古今調のよさが解ることをひそかに誇りに思うようになっていた。今から考えてみると、その頃には、丸谷才一先輩も同じことを考えておられたのではないかと思う。丸谷さんはその後も和歌研究の研鑽を積まれて、「藤原定家『小倉百人一首』以来の偉業」(本の表紙のコピー)といわれる〝偉業〟を二十五年かかって完成された。

和歌の洗練の極致が『古今』から『新古今』あたりまでとする感じ方には共感するが、日本の和歌全体を通史的に見れば、「菊と刀」の両方があるのではないかと思う。『古今』や『新古今』は菊の絢爛《けんらん》たる花盛りの感じである。大輪から懸崖《けんがい》づくりまでいろいろある。しかし日本人の心性には、宮廷人と対比される武士的な心の働きもある。この方面の和歌にも、正宗の名刀の輝きを示す感じのものがある。「菊文化」と「刀文化」の両方が織りなして日本という文明をつくってきたのではないだろうか。

神武天皇以来、二千年以上もの歴史の中から、たった百首を拾い出すことは至難のことである。本書に収めた和歌については、歌道に詳しい人には異論も多いと思うが、「素人にもよく知られているもの」あるいは「知られた方がよいもの」という視点から選んだものであることをご理解願いたい。また、通史をたどる上で、額田王《ぬかたのおおきみ》、柿本人麻呂、西行と昭和天皇については二首を採らせていただいた。

本書のアイデアをお出しくださった育鵬社の真部栄一氏、原稿作成について多大の援助を惜しまれなかった大越昌宏氏に厚く御礼申し上げます。

平成二十年九月下浣《げかん》、アメリカの金融機関の崩落のニュースを聞きつつ

渡部昇一

【主な参考文献】

『校註国歌大系』（国民図書）
『新編国歌大観』（角川書店）
『私家集大成』（明治書院）
佐竹昭広・山田英雄・工藤力男・大谷雅夫・山崎福之・校注『万葉集 一～四』新 日本古典文学大系1～4（岩波書店）
小島憲之・新井栄蔵・校注『古今和歌集』新 日本古典文学大系5（岩波書店）
田中裕・赤瀬信吾・校注『新古今和歌集』新 日本古典文学大系11（岩波書店）
宇野精一・編『平成新選百人一首』（文藝春秋）
荻生待也・編著『辞世千人一首』（柏書房）
影山正治・著『志士詩文集』（小学館）
金子薫園・選『皇国百人一首』（文明社）
川田順・著『吉野朝の悲歌』（第一書房）
川田順・著『戦国時代和歌集』（甲鳥書林）
川田順・著『幕末愛國歌』（第一書房）
川田順・編著『愛国百人一首』（河出書房新社）
川田順・著『史歌南北作戦』（甲鳥書林）
北原照久・著『珠玉の日本語・辞世の句』（ＰＨＰ研究所）
北原白秋・校訂『小倉百人一首評釈』（寶文館）
久保田正文・著『百人一首の世界』（文藝春秋）

小堀桂一郎・著『和歌に見る日本の心』（明成社）
小柳陽太郎・編著『名歌でたどる日本の心』（草思社）
谷知子・著『天皇たちの和歌』（角川選書）
寺山修司・著『寺山修司歌集　血と麦』（白玉書房）
中西進・著『辞世のことば』（中公新書）
萩原朔太郎・著『恋愛名歌集』（小学館）
早坂隆・著『兵隊万葉集』（幻冬舎新書）
丸谷才一・著『新々百人一首』（新潮社）
三浦佑之・訳 注釈『口語訳 古事記〔完全版〕』（文藝春秋）
山口志郎・編『太平洋戦争　将兵万葉集』（東京堂出版）
山口仲美・監修『学習漫画 よくわかる百人一首』（集英社）
吉井勇・著『百人一首夜話』（交蘭社）
上田正昭・津田秀夫・永原慶二・藤井松一・藤原彰・監修『コンサイス日本人名事典　第4版』（三省堂）
阿部正路・監修『日本の神様を知る事典』（日本文芸社）
坂本勝・監修『図説 地図とあらすじで読む古事記と日本書紀』（青春出版社）
『決定版 図説・名言で読む日本史人物伝』（学習研究社）
『ビジュアル版 日本史1000人（上・下巻）』（世界文化社）
千人万首（http://www.asahi-net.or.jp/~SG2H-ymst/yamatouta/sennin.html）
なお、本書の執筆に際し、歌人の藤原龍一郎氏、知覧特攻平和会館の方々にもご協力を賜ったことを記し感謝申し上げる。

**【著者略歴】**
**渡部 昇一**（わたなべ・しょういち）
1930年10月15日、山形県生まれ。上智大学大学院修士課程修了。ドイツ・ミュンスター大学、イギリス・オックスフォード大学留学。Dr.phil.（1958）、Dr.Phil.h.c（1994）。上智大学教授を経て、上智大学名誉教授。その間、フルブライト教授としてアメリカの４州６大学で講義。専門の英語学のみならず幅広い評論活動を展開する。1976年第24回エッセイストクラブ賞受賞。1985年第１回正論大賞受賞。英語学・言語学に関する専門書のほかに『知的生活の方法』（講談社現代新書）、『古事記と日本人』（祥伝社）、『渡部昇一「日本の歴史」（全８巻）』（ワック）、『知的余生の方法』（新潮新書）、『決定版 日本人論』『人生の手引き書』『魂は、あるか？』『終生 知的生活の方法』『［増補］決定版・日本史』『決定版・日本史［人物編］』『決定版・日本史［女性編］』（いずれも扶桑社新書）などがある。2017年４月17日逝去。享年86。

**渡部昇一の和歌から見える「日本通史」**

発行日　2024年２月10日　初版第１刷発行

著　者　渡部昇一
発行者　小池英彦
発行所　株式会社　育鵬社
〒105-0023　東京都港区芝浦1-1-1　浜松町ビルディング
電話03-6368-8899（編集）　http://www.ikuhosha.co.jp/
株式会社　扶桑社
〒105-8070　東京都港区芝浦1-1-1　浜松町ビルディング
電話03-6368-8891（郵便室）
発　売　株式会社　扶桑社
〒105-8070　東京都港区芝浦1-1-1　浜松町ビルディング
（電話番号は同上）
本文組版　株式会社　明昌堂
印刷・製本　タイヘイ株式会社印刷事業部

定価はカバーに表示してあります。

ISBN 978-4-594-09688-5